AF385516

DU

DU
VÉRITABLE GOUVERNEMENT
DE LA FRANCE,
ET DES MOYENS DE L'OBTENIR.

DU

VÉRITABLE GOUVERNEMENT

DE LA FRANCE,

ET DES MOYENS DE L'OBTENIR.

PAR M. BATTUR,

AVOCAT A LA COUR ROYALE DE PARIS.

A PARIS,

CHEZ G.-A. DENTU, IMPRIMEUR-LIBRAIRE,

RUE D'ERFURTH, N° 1 *bis*;

ET PALAIS-ROYAL, GALERIE D'ORLÉANS, N° 13.

M D CCC XXXII.

DU

VÉRITABLE GOUVERNEMENT

DE LA FRANCE,

ET DES MOYENS DE L'OBTENIR.

~~~~~~

CHAPITRE PREMIER.

ÉTAT DE LA FRANCE. — NÉCESSITÉ DE LA PARTICIPATION
DE LA NATION AUX AFFAIRES PUBLIQUES.

JE voudrais que mes paroles pussent pénétrer jusque dans la chaumière, et que les vérités que je vais
développer fussent entendues de toute la France. A
défaut d'une tribune et d'un nom populaire, je conserve l'espoir de trouver des échos dans les amis
éclairés du pays, et je les supplie, s'ils partagent
ma conviction, d'accréditer et de répandre des maximes que je crois indispensables au salut de ma patrie.

Le temps n'apporte aucun adoucissement à la situation de la France : les impôts croissent avec la
misère publique; les propriétaires, les négocians,
les artisans, les cultivateurs sont réduits au désespoir; il ne leur reste pas même l'espérance pour
~~~~~~

donner le change à leur douleur, et l'avenir ne leur fait entrevoir qu'une aggravation de maux.

On ne conteste point ce fait, mais l'on varie sur les causes. Les uns font remonter à une époque antérieure à la révolution de juillet le principe de la crise qui se montre de jour en jour plus terrible; les autres ne l'attribuent qu'à cette révolution elle-même. Aux premiers, l'on peut répondre que si la révolution de juillet était universellement désirée, que si ses résultats ont été applaudis par la France entière, il est incompréhensible qu'elle n'ait point, en dix-huit mois, je ne dis pas cicatrisé, mais calmé le mal que l'on attribue à la restauration. Comment se fait-il que la prospérité matérielle qui existait encore en juillet, sous l'empire de celle-ci, se soit tout à coup changée en détresse et en une maladie chronique qui a résisté à tous les remèdes ? Aux seconds, l'on peut répondre qu'il y a de l'exagération à n'attribuer qu'à la révolution seule les malheurs publics; car les talens, la persévérance, les ressources de tout genre n'ont pas manqué à ses ministres; ils ont même obtenu un résultat inespéré : le maintien, au moins provisoire, de la paix.

D'un autre côté, des agitations violentes, des révoltes armées éclatent sur divers points de la France; elles se rendent maîtresses de la seconde ville du royaume, où le sang coule à grands flots. Les efforts des insurgés n'ont pas d'autre objet que d'assouvir leur colère ou de tromper leur désespoir; ils s'arrêtent à la vue des succès qu'ils ont obtenus; ils se prononcent contre l'anarchie, fusillent les pillards, font une police sévère, et rentrent d'eux-mêmes dans l'ordre. L'autorité, impuissante à prévenir de tels désordres, ne désavoue point, dans l'intérieur de la ville, les actes d'un préfet qui se sert de la victoire elle même pour en neutraliser le danger ; mais en même temps, et après les promesses les plus positives d'amnistie de la part de son agent, elle déploie un appareil imposant de forces, entre à Lyon comme dans une ville prise d'assaut, et annonce que la justice suivra son cours contre les rebelles. Une armée de quarante-cinq mille hommes vient appuyer cette déclaration.....

Des émeutes moins sérieuses avaient éclaté coup sur coup dans la capitale ; la population qui y avait pris part a senti qu'elle ne faisait qu'augmenter la détresse publique par le désordre ; elle est restée impassible depuis plusieurs mois ; la révolte de Lyon ne l'a point émue ; sa sagesse, son bon sens, sa résignation supportent sans mot dire toutes les angoisses d'une misère que le commerce de luxe anéanti ne diminuera plus, et que l'industrie manufacturière paralysée ne saurait faire cesser.

Les crises du désespoir n'ont donc pas même menacé le gouvernement de juillet ; et cependant chaque jour le tableau du malheur public s'assombrit ; les sources du revenu dépérissent ; le budget reste invariable et menace de tout engloutir ; les transactions diminuent sans cesse; les bourses se resserrent, et le corps social épuisé tombe dans une atonie matérielle et morale qui nous fait pressentir sa mort.

Il n'est que deux points de la France où la politique semble déterminer les insurrections contre le pouvoir de juillet. Là, des persécutions sans nombre sont dirigées contre les citoyens; la police y déploie tout ce que l'inquisition a de plus odieux et de plus ignoble; la force, ce qu'elle a de plus violent et de plus brutal; et cependant la guerre civile n'y éclate point; les populations semblent résister à l'énergie de leurs souvenirs et de leurs ressentimens, et triompher d'elles-mêmes.

Jamais, j'ose le dire, gouvernement nouveau n'avait été l'objet d'actes plus inoffensifs de la part des populations insurgées; jamais aussi ces masses n'avaient manifesté plus d'éloignement pour la république et l'anarchie; jamais le calme au dehors n'avait paru plus probable, et la résignation au dedans plus certaine; et cependant aucun des résultats promis par ce gouvernement ne se réalise : que dis-je? ses embarras redoublent de jour en jour, et on le voit se précipiter et entraîner avec lui la France dans un abîme.

Ce ne sont point là des assertions hasardées : que l'on interroge toutes les classes de citoyens, sans distinction d'opinion, et l'on verra s'il y a partage sur la réalité de la misère publique, et sur l'absence d'un heureux avenir.

Comment expliquer de telles péripéties?... Cela est impossible, à moins que l'on ne reconnaisse que la situation actuelle tient à des causes plus intimes, plus profondes que l'influence matérielle des faits. Ainsi, dans ma douleur, comme Français, je ne m'en prendrai point aux personnes, mais je m'attacherai à dévoiler les causes morales, et toutes de principes, d'une si extraordinaire complication. Les hommes passent rapidement ; les traces de leur passage sur les institutions salutaires sont inaperçues ; ils ne sauraient améliorer ou neutraliser les mauvaises. Les gouvernans actuels doivent donc être mis hors de cause : il est probable qu'ils feraient beaucoup de bien, si les institutions étaient bonnes ; mais ils ne peuvent empêcher le désordre inhérent à l'état des choses et à de fausses institutions.

C'est donc dans l'intérieur même de l'organisation sociale, dans l'essence du gouvernement que réside le siége du mal.

Il présente deux caractères principaux :

Nécessité sentie, volonté de la nation d'améliorer par elle-même sa position, et manifestation de ses vœux par des actes de violence qui n'ont rien de combiné, et purs effets de son malaise.

Volonté du gouvernement d'adoucir les maux de la nation d'après le système actuel, mais impuissance absolue de le faire.

Qui oserait dire que ces deux symptômes n'existent pas réellement ? et s'ils sont évidens, il en faut conclure que le principe du mal est, d'une part, dans la substitution de la puissance des faits à celle des institutions et des principes; et, de l'autre, dans l'absence d'une participation régulière de la nation à la direction des affaires publiques (1).

Si l'on oppose à cette déduction logique de l'état des choses, que c'est la nation elle-même qui a voulu l'ordre politique et administratif tel qu'il existe, je répondrai qu'elle n'a point été consultée, ou qu'elle l'a été d'une manière irrégulière et incomplète, et que son immixtion dans les affaires publiques est assujettie à des règles préexistantes et fondamentales qu'il n'est pas permis de violer. Je détruirai l'objection par l'argument de *la réduction à l'absurde :* S'il est indispensable que la nation

(1) Tous les journaux du mouvement, *la Tribune, le Temps, le Journal du Commerce, le Courrier français, le Constitutionnel,* ont la conscience de cette vérité sociale; tous ne l'ont point encore exprimée avec la même énergie; des craintes indignes d'eux semblent retenir *le Courrier français* et *le Constitutionnel;* mais *le Temps, la Tribune, le Journal du Commerce* attaquent directement le principe du mal. Le *Journal du Commerce* du 15 décembre dernier s'exprime en ces termes : « Quand on songe que ce système est le résultat *du monopole* « *des droits politiques attribués à une seule classe,* on se sent « saisi d'un froid mortel et d'une douleur poignante en voyant « combien peu profitent les leçons de l'expérience, et l'on cherche « en vain comment la France pourra sortir du cercle vicieux où « elle est enfermée. »

La *Gazette de France* a la première franchement établi la

participe à la conduite des affaires publiques, et si
elle y a réellement participé, comment se fait-il
qu'elle soit écrasée d'impôts, de subsides, que son
commerce et son industrie périssent, que ses classes
inférieures succombent à la misère et au désespoir,
que ses habitations et son sol soient frappés de stéri-
lité par le fisc, que toutes les sources de sa prospérité soient taries?

Il est donc faux que la nation ait été réellement
consultée, ou qu'elle ait réellement voulu et ratifié
ce qui s'est fait; car l'idée d'un suicide politique est
inadmissible.

Ceci me conduit donc à examiner:

1° Quelles sont les conditions de la participation
de la nation aux affaires publiques; et si ces condi-

nécessité de l'intervention de tous les Français dans la puissance législative. Elle a suivi et soutenu cette opinion avec une
conscience d'érudition, une connaissance du cœur humain,
un talent de discussion et une persévérance qui ont appelé l'attention non-seulement de la France, mais de l'Europe.

La Quotidienne a marché sur la même ligne ; les scrupules
d'un examen approfondi qu'elle apporte dans toutes les discus-
sions de principes ont pu retarder chez elle l'adoption de ces
maximes, mais elle les a appliquées avec une maturité et une
conviction remarquables au gouvernement de la France.

Enfin toutes les *Gazettes* de province, sans distinction d'o-
pinion, s'accordent à reconnaître la nécessité des Etats-Généraux et provinciaux avec le suffrage universel.

On peut donc dire que c'est là l'opinion et le vœu de la
France.

tions ne se trouvent point dans l'ordre actuel des choses, j'en concluerai qu'il n'a point de vitalité, qu'il n'est pas l'œuvre de la nation, et qu'il doit être rectifié ;

2° Quels sont les moyens de rendre à la France son véritable gouvernement.

CHAPITRE II.

QUELLES SONT LES CONDITIONS DE LA PARTICIPATION DE LA NATION AUX AFFAIRES PUBLIQUES, RÉSULTANTES DU DROIT NATIONAL, PRIMORDIAL ET IMPRESCRIPTIBLE DE LA FRANCE ?

Pour résoudre logiquement cette question, il est de toute nécessité de se reporter vers le passé de cette nation, de se demander s'il est une période de son histoire où elle ait réellement participé au gouvernement, et quelles ont été les conditions de cette participation. Il ne servirait de rien, en effet, de se livrer à des théories plus ou moins spécieuses, pour ou contre l'affirmative de cette question, si les faits, en présence de ces théories, parlaient un langage non équivoque, et se présentaient dans toute leur puissance pour les confirmer ou les infirmer.

Or, il est constant que la nation française a réellement participé pendant plusieurs siècles au gouvernement de la chose publique, et que ses plus belles ordonnances, ses maximes politiques les plus fécondes, que toutes ses libertés, en un mot, sont dues à cette participation de la nation aux affaires du pays, et qu'elles sont son propre ouvrage.

Ces principes ont porté leurs fruits, même aux époques où les États-Généraux ont été suspendus.

Mais il n'est pas moins constant, en second lieu, que la nation française joignait à la possession de ces libertés, une fidélité inviolable au principe d'hérédité de la couronne, de mâle en mâle et par ordre de primogéniture; et qu'elle était d'autant plus attachée au sang de ses rois, qu'elle était plus jalouse de ses prérogatives et de son indépendance.

De telle sorte que l'inséparabilité de la loi salique, et de la puissance et de la liberté nationales était un axiôme.

SECTION PREMIERE.

La légitimité royale est la condition fondamentale de la participation de la nation à l'exercice de la puissance législative.

Cette légitimité royale n'est autre chose que la loi salique à laquelle sont dues la nationalité de la couronne et la conservation de l'intégrité du territoire, selon le langage de ce célèbre président Le Maistre, qui eut le courage de lutter (au nom du parlement) contre l'ambition du duc de Mayenne et des ultra-montains, au milieu de la capitale, où dominait la ligue, et dans le sein même des Etats-Généraux. Toute la politique intérieure et extérieure d'un grand peuple est renfermée dans ces mots: *La nationalité de la couronne* et *l'intégrité du territoire.*

Or, cette loi serait vaine, s'il était permis d'élire un roi avant l'extinction de la branche régnante : la porte serait ouverte aux brigues et aux factions, fomentées par les ambitieux et par les étrangers. La France pourrait devenir la proie de ses ennemis, car l'on ne manquerait pas de prétextes pour faire entendre que la nation a lieu d'être mécontente du prince régnant, que lui et sa famille, même des enfans mineurs, ont violé le pacte social, et qu'il faut appeler une autre dynastie au trône.

Cette pensée fut toujours repoussée avec horreur par nos pères; et ils surent faire usage de leur puissance dans les Etats-Généraux, pour faire respecter la loi fondamentale de l'hérédité.

C'est ainsi qu'ils annulèrent la donation que Charles VI avait faite de sa couronne à son gendre, le roi d'Angleterre, au préjudice du dauphin Charles VII; et que Henri lui-même, convaincu de la nullité de cet acte de son beau-père, renonça solennellement à s'en prévaloir.

C'est ainsi que les Etats-Généraux de 1327 se prononcèrent en faveur de Philippe de Valois, héritier par les mâles de Charles-le-Bel, contre la prétention d'Edouard III, roi d'Angleterre.

Le président Hénault, après avoir rapporté ce mémorable jugement, ajoute : « Il en coûta la vie à « un riche bourgeois de Compiègne, nommé *Simon*

« *Pouillet,* pour avoir eu la témérité de se déclarer
« en faveur de la prétention d'Edouard III. »

L'inviolabilité de la loi fondamentale de l'hérédité de la couronne, de mâle en mâle et par ordre
de primogéniture, fut respectée par nos aïeux, même
au milieu des plus grandes épreuves et des motifs
d'un mécontentement profond, dans la personne de
leurs plus mauvais rois; ils se sont fait gloire surtout
de l'observer religieusement dans la personne de
leurs rois enfans, leur fidélité redoublant en quelque sorte en proportion de la faiblesse de leur âge
et des besoins qu'ils avaient de la protection nationale : « Le roi, en quelque petit âge qu'il soit (dit
« Charles VI dans son édit solennel du 26 décembre
« 1407), doit être dit, tenu, appelé *roi de France,*
« et jouir de tous droits, prééminence, dignités et
« prérogatives qui appartiennent au roi de France. »
C'est, selon l'expression du chancelier Guillaume de
Rochefort, dans son discours aux États-Généraux de
1484, ce qui a fait de la nation française le premier
peuple de l'univers; je rapporte textuellement ici
ses paroles; elles forment l'une des plus belles preuves
du principe de la légitimité royale (1).

(1) « Primùm commendada et multis præconiis extollenda
« venit vestra ergà principem fidei integritas, et obedientia inde-
« fessa, promptitudoque, et cœteras nationes et vestros pæ-
« decessores quodam modo superare videmini. Non enim ali-
« quando mentis levitate, non hostium prospero successu,
« non aliquo denique labore legimus gallorum nationem

« On ne saurait d'abord trop exalter l'intégrité et
« l'inviolabilité de votre foi envers vos princes, cette
« obéissance et ce dévouement au sang de vos rois,
« que rien ne peut ébranler, ce zèle si prompt à leur
« manifester votre amour : qualités admirables qui
« vous rendent supérieurs à toutes les nations. Ni la
« légèreté d'esprit qui nous est naturelle, ni
« les règnes les plus durs et les plus âpres, ni
« les succès des étrangers ennemis de la France
« n'ont pu porter les Français à trahir la foi
« qu'ils devaient a leurs rois ; mais bien au con-
« traire, on les a vus toujours prêts à défendre ces
« rois avec leurs prérogatives et l'intégrité du terri-
« toire, prendre les armes pour eux avec tout le
« courage dont ils sont capables, et si le sort trahis-

« suo fidem regi violasse ; quin potiùs pro rege defendendo,
« et ejus tuendis partibus totis animis arma sumere, et si sors
« tulisset, libenter etiam pro eo mortem oppetere soliti sunt ;
» nec aliquid tam durum fuit, quòd non leve fieret quatenùs
« regem salvum haberent, et ejus parerent imperiis. Franco-
« rum historiæ nostræ fidelitatis et constantiæ plenæ
« sunt ; et ex adverso gentium exterarum chronicas intuenti,
« licebit aspicere sæpè numero principes à subditis leviori causâ
« desertos...... Non erit profecto qui infideli gallorum
« populo hanc inconstantiam, hanc sceleris notam depre-
« hendat ; quin imò suos reges dominicâ semper reveren-
« tiâ coluisse. Et rei sit argumento rex noster nondum
« adultus tanto populorum favore regni assecutus, etc....»
(Masselin, *Procès-verbal des Etats-Généraux de* 1484, f. 29
et 30.)

« sait leur courage, se précipiter vers la mort, la
« braver avec intrépidité pour leur maître légitime,
« comptant pour rien les plus grands sacrifices et la
« perte de leur fortune et de leur vie, s'ils étaient
« assez heureux pour sauver leur roi et continuer de
« vivre sous son sceptre. LES ANNALES DES FRANÇAIS
« SONT REMPLIES DES PREUVES DE LEUR FIDÉLITÉ ET
« DE LEUR CONSTANCE ; tandis qu'au contraire celles
« des peuples étrangers nous les montrent toujours
« disposés à abandonner leurs princes sur un léger
« mécontentement ou à l'aspect du moindre dan-
« ger......

« LES FRANÇAIS N'ONT POINT A ROUGIR D'UNE
« TELLE INCONSTANCE, D'UNE PAREILLE INFAMIE.....
« *Ouvrez nos annales, vous y verrez des rois en-*
« *fans plus honorés, mieux servis que les monar-*
« *ques les plus absolus ; vous y admirerez un*
« *peuple qui semble ne s'attacher à ses rois qu'en*
« *raison du besoin qu'ils ont de lui..... Témoins*
« *l'enthousiasme et la faveur universels qui ont*
« *accueilli l'avènement de notre roi non encore*
« *adulte.* »

Ce culte des Français envers le sang de leurs rois
n'était point la superstition DU DROIT DIVIN, mais
d'une part la reconnaissance, et de l'autre le sentiment profond de la nécessité de cette loi fondamentale pour la conservation de leurs libertés. En voici
une nouvelle preuve ; c'est le même chancelier
Guillaume de Rochefort qui la donne dans ce pas-

sage de son discours de clôture aux mêmes Etats (1).

« Le roi a désiré revêtir de son approbation et
« sanctionner par son autorité tous les actes de votre
« session, tous vos conseils, toutes vos résolutions,
« et leur donner ainsi du poids et de la vigueur. *Que*
« *serait, en effet, sans la tête, le reste du corps?*
« *une masse inerte, dépourvue de sens, de mou-*
« *vement et de vie.*

« *Certes, on ne verra point ici un corps tronqué,*

(1) « (Rex) desideravit omnes conventionis actus, omnia
« consilia, omnes que resolutiones probare suæ majestatis nutu,
» et auctoritate, illisque dare pondus et vigorem : *quid enim*
« *sine capite reliquum corpus? Absque sensu quidem, absque*
« *motu, sineque spiritu jacet.*

« Verùm hîc *non truncum corpus licet intueri*, NON CAPUT
« TUMENS ET A RELIQUO CORPORE SEPARATUM, *sed ea rectis*
« *consiliis, mutuis que officiis atque benevolentiâ ità juncta*
« *esse, ut in naturali corpore non magis naturâ, legibus cor-*
« *pori caput devinctum ac compactum esse possit.*

« *Rex igitur politici corporis princeps, origoque sensûs ac*
« *vitæ*, hoc in pacto nunc, et aliàs semper adfuit, ut per om-
« nes conventionis actus, hoc est singulas congregationes, at-
« que consilia quemdam vitæ spiritum duceret, et à primo
« capite ad pedes usque, id est à primo conventionis actu ad
« eum qui nunc habetur, influeret.

« Lætemini propterea, et gratias agite quòd suo beneficio,
« vestra que consilia vivunt, quod vestræ lucubrationes, ope-
« rationes sunt vitales, integri corporis sensum ac motum
« habentis, et præsertim hic actuum omnium finis atque con-
« clusio, quo precædentia gesta probantur. » (MASSELIN, f. 222
et 223.)

« ni une tête enflée et difforme, séparée de son
« corps; mais on verra la tête et le corps de la
« nation, si admirablement unis par de sages
« conseils, de mutuels services, une correspon-
« dance et une bienveillance constantes, que le
« corps et la tête ne peuvent être plus parfaite-
« ment conjoints dans un être humain par la na-
« ture, qu'ils ne sont unis et identifiés dans l'Etat
« politique par le lien des lois fondamentales.
« Ainsi le roi, chef du corps politique, la tête,
« et la source des organes et de la vie, a voulu
« consacrer, par le pacte de sa présence et de son
« adhésion, chacune de vos délibérations; il leur a
« donné la vie à toutes, depuis la première jusqu'à
« celle qui a lieu en ce moment.

« Félicitez-vous donc de ce que, par la majesté
« royale, vos conseils acquièrent de la vigueur, et
« de ce que vos investigations, vos mesures, vos ré-
« solutions sont les organes vitaux d'un corps com-
« plet et entier, et principalement ce dernier acte
« qui confirme tous les autres. »

Peut-on plus solennellement reconnaître l'initiative, l'indépendance et la sanction royale; l'initiative et l'indépendance des États-Généraux, et le
concours indivisible de la royauté et de la nation
dans l'exercice du pouvoir législatif?

C'est donc, je le répète, la nécessité de l'union du
roi et de la nation, de la tête et du corps politiques,

qui a constitué aux yeux de nos ancêtres la légitimité royale.

Cela est si vrai, que la nation conservait le droit
de pourvoir à la régence et à l'administration du
royaume, en cas de minorité du prince, et d'élire
un roi, en cas de vacance du trône, comme nous le
prouverons bientôt.

Il n'y avait donc d'irrévocablement aliéné que
l'autorité royale, co-existante en quelque sorte avec
la nation, ayant pris naissance et accroissement avec
elle, imitant et corrigeant la nature par la transmis-
sion et la perpétuité de la vie morale du gouvernement, et reproduisant à chaque décès, aux yeux des
peuples satisfaits, la royauté intacte, complète, et
le corps de l'État sans altération ni blessure.....

Nous sommes donc loin, comme on voit, de contester la souveraineté de la nation, puisqu'elle forme
le corps du gouvernement, et que le roi n'est rien
sans elle. Mais cette souveraineté se lie et se con-
fond avec celle du chef; elle en est inséparable, sauf
les cas sus-énoncés.

Remarquons, en effet, que si les premiers rois de
France furent élevés sur le pavois, leur élection fut
tout ensemble une conséquence de la création qui
leur était due de la monarchie française et du vœu
populaire. L'élection des maires du palais dans la
personne de Pepin d'Héristal, de Charles-Martel, de
Pepin-le-Bref, de Hugues Capet, ne fut point un

acte pur et simple de la souveraineté nationale, mais une suite nécessaire de la mise de gloire, de puissance, de territoire que ces princes apportaient à la France. Cette mise sociale était un génie supérieur au milieu de rois ineptes et fainéans; une grande valeur au milieu de l'invasion des barbares; une politique sage avec des domaines immenses formant le cœur de la France, et complétant la monarchie.

Loin de conclure de ces faits que la loi d'hérédité fût considérée comme révocable dans la personne de leurs descendans, selon telle ou telle hypothèse, on peut se convaincre par l'étude de l'histoire des Etats-Généraux et des jugemens de la Cour des pairs, que cette loi fut toujours regardée comme immuable, même dans la supposition où un roi excéderait ses pouvoirs. C'était un accident, une maladie dont nos pères savaient attendre avec patience le terme, convaincus que cette résignation ou des voies plus lentes étaient préférables à une révolution.

Ainsi le suffrage universel s'exerce dans les limites des conditions posées par nos aïeux et par les siècles, c'est-à-dire dans les bornes du respect de la loi d'hérédité, de mâle en mâle et par ordre de primogéniture. On peut concevoir une déchéance, ou, pour parler plus exactement, une abdication déterminée par des évènemens graves, mais non point un ordre de choses entièrement nouveau, substitué à l'ordre de choses

existant, mais non point la violation de la loi d'hérédité. Cette loi fondamentale d'hérédité étant basée sur les apports immenses des rois qui ont créé
ou complété la monarchie, ce n'est pas seulement la
raison publique, c'est encore la force des choses, la
nature elle-même qui la proclament. Des considérations plus ou moins spécieuses pourraient séduire la
raison publique ; la force des choses, c'est-à-dire cette
inséparabilité d'une race de trente-neuf rois et de la
monarchie qu'ils ont créée et développée, parle plus
haut encore que des convenances prétendues ; et il
n'appartient pas à une génération de détruire cette
œuvre d'une lignée royale et du temps. La rupture
de cette lignée royale par l'élection d'un étranger,
ou, ce qui revient au même, par l'élection d'une
autre branche que celle qui doit succéder, ne serait
pas seulement un acte d'une monstrueuse ingrati-
tude, mais l'anéantissement de la vie morale de la
monarchie à l'intérieur et à l'extérieur.

A l'intérieur, le despotisme et la centralisation
attaqueront incessamment les provinces qui ont une
existence et une indépendance traditionnelles ; leurs
intérêts, leurs droits et leurs limites seront violen-
tés, effacés et subordonnés à une création nouvelle,
dans laquelle il faudra que toutes les prérogatives
locales viennent se fondre et s'abîmer. Pourtant il
n'y a point de vie sociale pour une nation sans ces
intérêts distincts, et massés par provinces, sans ces
unités nationales desquelles se compose le corps en-

tier de la société. Alors on verra toutes les libertés infailliblement menacées par ce pouvoir centralisé qui ne peut avoir de vie que par des élémens factices et uniformes, pris en dehors des masses et des intérêts spéciaux. La représentation qui en sortira aura le même caractère; elle tendra, par la force des choses, aux lois et aux actes arbitraires, aux mesures exceptionnelles; elle ne pourra même, sous le faux emblème de la légalité, se maintenir et se fortifier que par l'exception et le privilége, ou par de funestes condescendances. Les intérêts des individus paraîtront peu de chose à ce pouvoir et à cette représentation soi-disant nationale, à moins que ces intérêts n'aient recours aux armes; et alors on verra paraître un étonnant mélange de force et de faiblesse, de clémence et de rigueur, de légalité et d'arbitraire, trait caractéristique d'une situation bâtarde qui n'a de liens ni avec le passé, ni avec le présent, ni avec l'avenir, ni avec les entrailles de la France. D'énormissimes impôts seront votés sans difficulté, jetés même à la tête de ce gouvernement sous la forme du provisoire, dussent les provinces succomber sous le faix et en périr. On ne sera point arrêté par cette misère profonde qui les désole, ni l'on ne s'inquiétera du détail de leurs besoins, de leurs maux, de leurs vœux, et des moyens qu'elles jugent propres à les sauver d'affreux désastres. Au lieu de leur accorder une représentation locale de nature à les rendre à la vie, on continuera à faire jouer cette pompe foulante et aspirante de l'impôt de quotité, dont le siége est à Paris, et l'on jetera le voile de quelques phrases d'*ordre* et de *légalité*, de quelques visites officielles, de quelques mesures générales sur des plaies locales, que des remèdes spéciaux et appliqués par les intéressés eux-mêmes peuvent seuls fermer.

On essaiera, il est vrai, de calmer les masses désolées, exaspérées, par l'appât de quelques travaux d'intérêt public; mais, outre que ces travaux ne peuvent suppléer le bien-être qui manque à ces masses, ils ne pourront pas même alléger la misère des classes ouvrières. Les idées abstraites de puissance, de liberté, d'égalité seront donc façonnées par eux aux intérêts de leur pouvoir et de leur fortune propre. Elles seront d'autant plus impérieuses et plus exigeantes, qu'elles sont incapables de rien produire et de rien donner; d'autant plus intolérantes, qu'elles ne peuvent vivre que par les préventions et la discorde. Les masses seront donc négligées sous le double rapport matériel et moral. Des esprits généreux et véritablement patriotes, en voulant porter remède au mal, contribueront à l'accroître; car à défaut de ces intérêts spéciaux et positifs que la spécialité d'un mandat leur donnerait à protéger, et qui les éleveraient si haut, ils placeront les causes du mal dans des répugnances nationales factices, dans le conflit d'une aristocratie et d'une démocratie qui n'ont plus rien d'hostile, et ils n'apporteront ainsi dans le système politique que l'amertume et les illusions d'un patriotisme continuellement déçu.

A l'extérieur, les puissances étrangères cesseront de regarder comme inaliénable et inséparable le sol d'une nation qui aura laissé si facilement détruire ses traditions, et la loi fondamentale d'hérédité qui avait produit l'intégrité de ses libertés et l'indivisibilité de son territoire. On voudra tôt ou tard lui faire payer ce mépris des conditions de son existence, par une sorte d'abandon logique de sa dignité extérieure et de sa légitime prépondérance. Et qu'on ne se fasse pas d'illusion ; le patriotisme, le génie et la valeur des individus ne suppléeront point à cette diplomatie précaire d'un gouvernement qui, ne tenant rien de lui-même, ni des intérêts formés et spéciaux, ne vit que de généralités vagues et de déceptions. A la première occasion vous le verrez abandonner les plus belles provinces, *la ceinture de ses reins,* à l'ennemi naturel de la France, en échange d'une sorte de reconnaissance des doctrines et des intérêts non définis auxquels il doit une existence indéterminée. Voyant toujours dans les puissances étrangères des ennemies secrètes de son usurpation, il n'osera point entreprendre la guerre pour la défense d'avantages acquis ou de conquêtes légitimes ; car s'il l'entreprenait, il sent bien que c'est à son existence même que ses ennemis s'attaqueraient, et qu'il faudrait que cette guerre, en dépit de tous les traités, fût une guerre à mort.

Ainsi un tel pouvoir n'aura de racines ni à l'intérieur, ni à l'extérieur. Est-ce la faute des gouvernans ? est-ce absence de qualités personnelles et de talens nécessaires pour administrer un grand royaume ? Assurément non ; c'est la force des choses toute seule. Comment en serait-il autrement ? Napoléon, avec son puissant génie et cette dot immense de provinces conquises, ne put résister à la défaveur universelle qui s'attacha à son système de centralisation et de despotisme intérieur et extérieur. Un souffle du Nord renversa ce colosse qui naguère faisait trembler l'Europe, et distribuait les couronnes. Comment un gouvernement, né d'une insurrection, sans précédens, sans gloire, ne donnant rien et épuisant toutes les fortunes particulières par l'énormité de ses impôts, qui excèdent du double ceux que levait Napoléon ; ne pouvant ni coordonner à l'extérieur les traités avec les intérêts généraux de la puissance nationale qu'il représente, ni distinguer et concilier à l'intérieur les intérêts réels du pays ; comment un tel gouvernement pourrait-il réunir les conditions de la vie et de la durée ?

Voilà les effets immédiats de l'absence de la légitimité royale et de la violation de la loi de succession à la couronne.

En vertu de ce principe, au contraire, l'autorité royale paraissant toute formée, et, si j'ose parler ainsi, armée de toutes pièces, même dans les mains d'un enfant, répandrait partout l'idée de la stabilité et de la confiance ; elle grandirait de tout ce qui semblerait devoir l'affaiblir ; c'est le privilége des principes respectés dans la personne d'un être faible ; l'héré‑dité lui remettant le sceau immortel d'une société impérissable, joindrait à elle, par une attraction électrique, toute la puissance et toute la sagesse de la nation ; l'union dont nous avons parlé tout à l'heure serait plus rapide, plus intime, plus pro‑fonde ; les forces nationales plus compactes, car c'est à la nation seule qu'il appartiendrait de décerner la régence, de former le conseil d'administration du royaume et d'en régler les attributions. Quel pouvoir électif pourrait être comparé à celui-là?... Écoutons encore le chancelier Guillaume de Rochefort dans sa harangue aux Etats-Généraux :

« Vous voyez, d'après ce que je viens de rappor-
« ter, combien est éclatante la dignité de cette cou-
« ronne ; combien les faits célèbres de la nation et

---

(1) « Quæ verò dignitas sit hujus præfulgentis coronæ, quàm
« clara et maxima gesta ex dictis utrùmque tenetis ; hoc unum
« adjecerim, hanc regiam dignitatem cùm intentiùs considero, vi-
« dere mihi videor romanis in gradibus multùm præstare. Quippè
« consulatus et dictatura, majores reipublicæ dignitates, brevi
« tempore finiendæ dabantur, et hei qui paulò antè, et post
« exutam dignitatem parvis opibus, tenui et ignobili parentelâ,
« potentiæ et reverentiæ nullius erant ; et ad Julium usque ad
« servatum est qui gallico fretus auxilio hanc dignitatem fecit
« esse perpetuam. *Noster verò rex à puero omni honore, cultu*
« *que regio habitus est dives, atque potens natus, regium cul-*
« *men jure hæreditavit.* » (MASSELIN, f. 31.)

« de ses princes donnent de prix à cette grande pro-
« priété nationale. Je n'ajouterai qu'un mot : Lors-
« que je considère attentivement et de plus près cette
« royale dignité, elle me semble surpasser de beau-
« coup en grandeur les grades les plus éminens des
« Romains. Le consulat et la dictature, qui étaient
« les plus grandes dignités de la république, n'é-
« taient décernés que pour un instant; et l'on voyait
« disparaître dans la foule, sans trace de puissance,
« de crédit et de famille, ceux qu'on en avait tirés
« pour remplir ces emplois. Il en fut ainsi jusqu'au
« temps de Jules-César, qui se servit du courage de
« nos pères pour rendre la dictature perpétuelle.
« *Notre roi, au contraire, dès sa plus tendre en-*
« *fance, a paru riche de tous les honneurs qui*
« *environnent la royauté, et né puissant, il a hé-*
« *rité, en vertu de la loi fondamentale, l'intégrité*
« *du rang suprême.* »

M. le duc de Fitz-James, à la séance de la Chambre des pairs du 22 décembre dernier, a fait ressortir
avec son talent supérieur l'immense distance qui sé-
pare cette souveraineté royale et nationale de la souveraineté du peuple :

« Et c'est peut-être ici l'occasion de faire remarquer combien il est déplorable de voir que l'on a bou-
leversé le monde avec un principe jeté comme un
brandon parmi les peuples, sans le leur expliquer,
sans tracer les strictes limites qui, l'on en convient
aujourd'hui, ne devaient jamais être dépassées, limites

sur lesquelles il était si facile de s'entendre, je dirai plus, sur lesquelles on est presque d'accord. En effet, qui fut jamais assez absurde pour ne pas reconnaître que les peuples ayant commencé d'être avant les rois, ont aussi des droits primitifs incontestables! Personne n'oserait nier cette puissance primordiale. Aussi était-ce une doctrine reconnue de temps immémorial dans l'ancienne France, que la race royale venant à s'éteindre, la loi salique repoussant les femmes et les descendans de la ligne feminine, aux Etats - Généraux seuls appartenait le droit de décerner la couronne. Or, les Etats - Généraux, c'était la voix du peuple. Une autre doctrine également reconnue (et la faute immense, la cause de tous les malheurs de la restauration fut de l'avoir oubliée en 1814), était qu'au roi seul n'appartenait pas le pouvoir constituant, et que sans la participation des Etats - Généraux, il n'avait pas le droit de toucher aux lois fondamentales du royaume.

« Voilà quels étaient nos principes à nous autres légitimistes : l'hérédité de la couronne de mâle en mâle, par ordre de primogéniture, et tout pouvoir aux Etats - Généraux légalement convoqués par le roi, excepté celui de changer l'ordre de successibilité au trône. Il existait donc des sympathies intimes entre ces deux légitimités, celle des peuples et celle des rois, que l'on n'a cessé de représenter comme ennemies irréconciliables, et qui, au contraire, avaient marché d'accord durant tant de siècles. Voyons maintenant quels sont les principes avoués des partisans de la souveraineté du peuple, et s'il n'était pas facile de nous entendre. Ils conviennent, d'abord, que leur principe ne saurait entrer comme élément dans l'action du gouvernement; ils ajoutent que le peuple ne peut exercer de souveraineté que par la voie de ses délégués; ils disent ensuite que le principe une fois proclamé et reconnu, il faut s'empresser de le faire dormir.

« Voilà déjà bien des points de rapprochemens, mais ils ont été plus loin. Au moment même où leur principe venait de triompher de la légitimité, aussitôt après la révolution de juillet, quel fut un de leurs premiers actes? Ils ont placé comme condition première, dans la Charte nouvelle, l'hérédité de la couronne de mâle en mâle, par rang de primogéniture; précisément notre foi politique à nous, précisément ce que nous avons toujours entendu par légitimité : avec cette différence, toutefois, qui, j'en conviens, a jeté tout à coup l'immensité de l'espace entre nous, avec cette différence qu'en brisant le premier anneau de la chaîne, ils ont cru donner à la chaîne la même force et la même durée en la ressoudant au second anneau. Voilà où fut leur erreur; quoi qu'on puisse faire, la soudure reparaîtra toujours : elle est là pour attester la fragilité de l'ouvrage.

« Ainsi, par un étrange effet de cette fatalité qui semble présider à nos destinées, en proclamant la souveraineté nationale, on a fait précisément le contraire de ce que réclamaient les besoins du pays et les droits de ce peuple qu'on disait servir. On a détruit ce qu'il fallait précisément conserver, et l'on a adopté ce qui ne pouvait être pour le pays qu'une source intarissable de dangers et de misères. Dans nos Constitutions nouvelles, le peuple a perdu le droit de faire entendre sa voix, comme il faisait autrefois dans les Etats - Généraux, tandis qu'en lui reconnaissant le droit de changer l'ordre de successibilité au trône, je ne crains pas de dire que l'on a planté l'arbre de mort au milieu du pays. »

SECTION II.

La nation entière doit participer à l'exercice de la puissance législative.

C'est le second terme de ce grand et sublime rapport qui renferme en soi tout le secret de la puissance et de la gloire de la nation française.

Ce droit de la nation remonte à l'origine de la monarchie; et la voix imposante de l'histoire nous apprend qu'à côté de ce principe conservateur de la nationalité de la couronne et de l'intégrité du territoire que nous nommons LÉGITIMITÉ, fut placée l'action universelle de la nation dans l'exercice des prérogatives de la royauté, et que nos plus beaux monumens de législation et d'administration furent son propre ouvrage.

Ce droit national est dès lors imprescriptible, et ne saurait être atténué; et l'interruption qu'il a subie n'a pu le détruire.

La couronne de France eut son berceau dans les assemblées générales de la nation ; la puissance législative fut exercée conjointement par le roi et par ces assemblées durant les deux premières races. Baluse nous a conservé cet extrait d'un discours de Charlemagne : « Je n'ai résisté à aucune demande juste « et raisonnable ; j'ai voulu tout ce que contenaient « vos décrets et pétitions ; je vous ai écoutés comme « mes pères et mes frères. Maintenant je vous prie « de vouloir bien non seulement écouter, mais en- « core mettre à exécution avec bienveillance, ma « *pétition* et mon *projet.* »

Il y avait les capitulaires du premier degré, et les capitulaires du second degré ; les premiers, ouvrages du roi seul, à la vérité, mais toujours soumis à la confirmation des assemblées locales ; les seconds, ouvrages des assemblées nationales ; les premiers, comparables à nos interprétations de lois, à nos règlemens de police et d'administration publique, à nos ordonnances royales ; les seconds, lois fondamentales de l'État, et comparables, par leur sainteté et leur inviolabilité, à la loi salique elle-même.

Dans tout le cours de la troisième race jusqu'à Louis XIV exclusivement, il n'est pas une question grave de législation, de politique intérieure ou extérieure, d'administration, de finances, de paix ou de guerre, de territoire, de domaine public, qui n'ait été soumise aux Etats-Généraux par les rois de France. (*Voyez* le discours de clôture du chancelier de Rochefort aux Etats-Généraux, cité plus haut.)

La féodalité, née de l'usurpation des domaines de l'Etat sous les derniers Carlovingiens, et de la concentration de presque tous les attributs de la souveraineté dans les mains des grands du royaume, entrava le développement de ce gouvernement national. Mais n'est-il pas admirable que les rois y eurent recours même pour abattre cette hydre féodale, et pour paralyser les prétentions des ultramontains, pour régulariser et amener à eux la juridiction, pour assurer les intérêts et l'indépendance de toutes les classes de la population? C'est par l'émancipation des communes, par les conquêtes incessamment obtenues sur la féodalité, par la soumission des grands vassaux, et la formation du tiers-état, que les rois arrivèrent à cette belle institution des Etats-Généraux, ou plutôt qu'ils lui rendirent la vie. Et, chose digne de remarque! ils appelèrent à eux la coopération populaire dans le moment même où pouvant être monarques absolus, ils pouvaient tout seuls rendre des ordonnances générales! Est-il permis, après cela, de les accuser d'avoir implanté l'absolutisme en France, eux qui ont tout fait et tout sacrifié pour le détruire?

Jetons un coup-d'œil rapide sur l'histoire des Etats-Généraux, nous en verrons découler comme de leur source naturelle les maximes les plus fécondes et les plus authentiques de notre droit national.

§ Ier.

Les États-Généraux doivent être composés de la totalité des Français.

Le chancelier de L'Hôpital définissait les Etats-Généraux *l'assemblée de la nation entière,* et par la nation, l'orateur de la noblesse de Bourgogne aux Etats-Généraux de 1484, disait qu'on devait entendre *la collection de la totalité des citoyens.*

« J'entends par le *peuple* qui compose les Etats-
« Généraux, non pas seulement le *bas peuple* ou
« les autres sujets de ce royaume, mais tous les habi-
« tans de quelque état, de quelque rang qu'ils soient;
« de telle sorte que sous la dénomination des Etats-
« Généraux, je comprends les princes eux-mêmes,
« et *tous ceux qui habitent le territoire du royaume;*
« les princes, en effet, sont compris dans la noblesse;
« ils en sont les membres les plus distingués. » (*Voyez*
le procès-verbal des Etats-Généraux, écrit en latin par Masselin, n° 351, feuillet 69, *verso.*)

(1) « Populum autem appello, non plebem nec alios tantùm
« hujus regni subditos, sed omnes cujusque status, adeò ut
« statuum generalium nomine etiam complecti principes arbi-
« tror, NEC ALIQUOS EXCLUDI QUI REGNUM HABITENT, *sub nobi-*
« *litatis quidem articulo principes contineri, et membra potiora*
« *esse ambigere reor neminem.* » (MASSELIN , f. 69.)

Une ordonnance du roi Jean assura à tous les membres du tiers-état, riches et pauvres, une égale part aux délibérations; elle s'exprime ainsi : « Si au « temps à venir nous avions autre guerre, les gens « des trois-états nous en seront les aides convena- « bles, selon la délibération des trois-états, sans que « les deux puissent lier le tiers; et si tous les trois- « états n'étaient d'accord ensemble, la chose demeu- « rerait sans détermination. »

Le chancelier de Birague avait ainsi défini le tiers-état en 1579 : « Le tiers-état se compose de ceux de « la justice, de ceux qui se mêlent des finances, des « gens de pied qui suivent les ordonnances, des mar- « chands qui sont une grande communauté, et des « pauvres laboureurs. »

Quand nous disons que les Etats-Généraux doivent être composés de la totalité des Français, cela signifie que tous les Français ont droit de suffrage et de délégation, et qu'ils peuvent concourir à l'élection de leurs mandataires dans les assemblées nationales; cela signifie encore que ces mandataires peuvent être choisis dans toutes les classes de la population, sans prescription d'un cens quelconque; tel était le droit fondamental des Etats - Généraux.

Il faut bien remarquer qu'on n'appelait point *Etats-Généraux*, la réunion seulement des députés élus; mais l'universalité des citoyens, électeurs et députés;

les uns et les autres étaient les procureurs-fondés de la nation.

« Puisque vous comprenez que vous êtes les dé-
« putés *et les fondés de pouvoirs nommés par les*
« *Etats-Généraux, et que vous avez dans vos*
« *mains le dépôt de la volonté de tous,* pourquoi
« hésiteriez-vous de terminer une affaire pour la-
« quelle vous avez reçu une délégation spéciale ? etc...»

Il est donc clair que la nation intervenait directement et par elle-même dans l'exercice de la puissance législative.

§ II.

Aucun cens ne doit être prescrit pour l'éligibilité, pas plus que pour le droit d'élire.

C'était une suite de ce droit national par excel-
lence, de concourir au gouvernement de la chose
publique. Ce que le parti libéral n'a pas osé proclamer de nos jours, le vieux patriotisme de nos rois
n'hésita pas à le déclarer : aucun cens d'éligibilité
n'était exigé.

« Envoyez-nous, disait en 1316 Philippe-le-Long,
« envoyez-nous à Bourges gens suffisans et sages,
« ayant suffisans pouvoirs. » Le même roi mandait,

(1) « Cùm autem intelligitis, disait le même orateur, *vos*
« *universorum statuum legatos et procuratores dictos, et omnium*
« *voluntatem vestris in manibus esse,* etc....» (MASSELIN,
f. 29.)

en 1320, à ceux de Narbonne : « Qu'ils eussent à
« élire quatre personnes des plus *sages* et des plus
« notables, qui soient *instruits et fondés suffisam-*
« *ment* de faire aviser et accorder avec nous *tout*
« *ce que la communauté pourrait faire, si elle*
« *était présente.* » Ainsi, l'on n'exigeait d'autre
cens des députés que de la probité, de la sagesse, de
la capacité, et des *pouvoirs suffisans* délivrés par
les Etats-Généraux.

§ III.

Aucun impôt ne peut être levé et réparti sans le consentement préalable des Etats-Généraux, qui ont le droit d'en surveiller et d'en
opérer eux-mêmes la perception. Les subsides ne doivent être votés
que pour un an ; les Etats doivent veiller à l'indépendance de la
couronne, à l'intégrité du territoire et du domaine public, à la
dignité de la France et à une sage organisation de la justice et des
diverses branches de l'administration publique.

Philippe-le-Bel, qui le premier eut la gloire de
rétablir les assemblées nationales, après avoir donné
une organisation régulière à ce parlement de Paris,
dont l'influence sur notre législation fut, durant
cinq siècles, si admirable, appela les Etats-Généraux
à mettre un frein à l'invasion de la cour de Rome,
et à détruire des préjugés non moins contraires à la
religion qu'à l'indépendance de la couronne.

On vit le tiers-état, si long-temps opprimé, re-
naître à la vie sociale. Depuis, et à travers les écarts
de la chevalerie et des brigandages armés, les Etats-
Généraux se levèrent par intervalle pour réparer

les plaies de la barbarie et constater les droits de la nation.

En 1355, ils prononcèrent sur la guerre à soutenir contre les Anglais, votèrent des impôts, et en prescrivirent eux-mêmes la répartition par des commissaires par eux nommés. Les rois étaient loin alors d'avoir la pensée de laisser s'opérer cette répartition par les agens du fisc, comme cela se pratique aujourd'hui. Les Etats-Généraux fixèrent l'époque et le mode du compte qui leur en serait rendu ; remédièrent aux altérations de la monnaie, aux vices de l'administration : ils réglèrent les dépenses de la guerre, et décidèrent qu'il ne serait fait ni paix ni trève sans leur consentement. Ces points de droit politique furent sanctionnés par une ordonnance royale, qui, d'après le vœu des Etats-Généraux, supprima le droit usité jusqu'alors de prendre sur les gens du peuple *bleds, vins, vivres, charrettes, chevaux, ou autres choses, quelles qu'elles soient,* et rendit toute la juridiction aux juges ordinaires.

Dès cette époque il fut établi en point de droit public que le subside ne serait accordé que pour un an : ainsi l'instinct de la liberté avait déjà révélé à nos aïeux et à nos rois ce qu'on regarde aujourd'hui comme le perfectionnement de la politique moderne.

Mais c'est en 1356 que l'action des Etats-Généraux est reconnue par le prince, et croît en proportion de l'oubli qui en avait été fait, et des désastres qui avaient été la suite de cet oubli. La création d'un conseil-d'état pour assister continuellement le jeune prince-régent pendant la captivité du roi Jean son père ; la révocation des aliénations des domaines ; l'élection dans le sein des Etats d'un conseil suprême et privé pour la surveillance de tous les officiers du royaume ; les mesures à prendre pour assurer de bons choix ; la composition de l'armée, furent arrêtées par les Etats.

Si les suites de cette session furent déplorables, il faut l'imputer aux conseils perfides qui poussaient vers l'abîme un jeune prince, Charles V, qui répara bien par la suite sa faute, lorsqu'il sut conquérir, devenu roi, le surnom de *Sage.* Tout tenait à la destitution des ministres ; cette concession eût rendu inébranlable le droit politique de la France, et renfermé dans de sages bornes les députés des Etats.

Les Etats de 1357 et 1358 supprimèrent les emprunts forcés, les visites, les confiscations qui pesaient sur le négoce, et firent porter les subsides sur les nobles et les ecclésiastiques.

Les Etats-Généraux de 1359 veillèrent à l'honneur de la France, et par conséquent à sa sûreté ; ils rejetèrent par acclamations les conditions honteuses auxquelles l'Angleterre attachait la liberté du roi Jean : le démembrement de la France ; ils votèrent la guerre, les moyens de la faire ; imposèrent les nobles et gens d'église ; firent prévaloir la spécialité du mandat, en n'accordant rien qui ne fût autorisé par leurs commettans, et préparèrent le beau règne de Charles V, en établissant en principe qu'une politique habile peut lutter contre les armées les plus formidables, et que les rois ne jouissant de la souveraineté qu'à titre de dépôt, ne pouvaient en aliéner aucun des attributs sans le consentement de la nation.

En 1369, les Etats-Généraux appliquèrent ce grand principe au traité de Bretigny, qui avait cédé à l'Angleterre la souveraineté de la Guienne; Charles V les comprit, et se fit rendre par eux le droit de juridiction et de souveraineté sur cette province.

Les Etats-Généraux, tenus sous Charles VII, confirmèrent le principe que les impôts ne peuvent être légitimement perçus qu'autant qu'ils sont consentis par les peuples, et ils assurèrent aux armées une solde régulière. Cette doctrine avait jeté en France de si profondes racines, que, sous Louis XI, elle était professée avec éclat par Philippe de Commines.

Sous Charles VIII, les Etats mémorables de 1484, dont nous parlerons plus au long dans un moment, réglèrent l'administration du royaume, la manière de pourvoir aux offices de judicature, et les moyens de diminuer les impôts. Ils réduisirent à 1,200,000 liv. le taux excessif des tailles, qui montait à 4,000,000. Le chapitre du tiers-état fut surtout remarquable par la liberté et l'énergie de ses doléances sur les causes de l'épuisement du royaume, sur l'argent considérable que les ultramontains en soutiraient, et sur la révocation de la pragmatique sanction.

Une décision remarquable de ces Etats, convertie en ordonnance royale, c'est qu'il ne serait pourvu désormais aux places de judicature que sur la présentation de trois candidats capables, faite par les corps judiciaires où ces places seraient vacantes. Ils demandèrent également l'observation de l'ordonnance du dernier roi, « pour que l'officier royal, en « bien exerçant son office, fût assuré de l'état de sa « vie, et d'être continué en icelui; » qu'aucun juge ne pût être privé de sa charge, s'il n'était convaincu de prévarication; que ceux qui en avaient été privés arbitrairement pussent se pourvoir en justice pour les recouvrer; et que la vénalité des offices de judicature fût supprimée.

Quand ils eurent voté les subsides, ces Etats se réservèrent le droit d'en opérer la répartition entre toutes les provinces sans exception, par des commissaires pris dans leur sein, et limitèrent cette concession à deux ans seulement, à l'expiration desquels ils demandèrent que les Etats fussent convoqués de nouveau.

Ils demandèrent que le commerce, source de l'opulence nationale, fût traité avec franchise et libéralité; que le monopole fût interdit, et les priviléges commerciaux supprimés dans l'intérieur de la France.

On voit en 1506 les Etats-Généraux demander

et obtenir les fiançailles du comte d'Angoulême, duc de Valois, avec la fille de Louis XII, madame Claude de France, et une communication *touchante et profonde* avoir lieu entre la royauté et la nation, en ce qui concerne les alliances de famille royale, qui intéressent la nation autant que le roi lui-même. Admirable exemple qui, je n'en doute pas, sera quelque jour imité en France!

Mais c'est en 1526 qu'il faut nous reporter pour connaître tout ce qu'avait de national et de populaire le gouvernement de France. Les États-Généraux repoussent à l'unanimité le traité honteux de Madrid, qui ne rendait la liberté à François Ier qu'à condition du démembrement de la France, et ils le rejettent sur la demande de François lui-même. Il y a lutte de patriotisme et de générosité entre la nation et le roi, pour le maintien des lois fondamentales. Dans cette mémorable assemblée, on voit les députés de Bourgogne rappeler avec énergie que l'existence indépendante d'une province comme membre de la nation, n'est point arbitraire, mais bien réelle, et une condition essentielle de son aggrégation au territoire de la monarchie, et repousser avec indignation l'idée d'abandonner la Bourgogne à Charles-Quint, comme violation des sermens les plus solennels. Malgré l'épuisement de la nation, tous les secours nécessaires furent votés, et l'indépendance de la couronne et de la France fut sauvée.

Les États-Généraux tenus à Orléans en 1560, au

milieu des intrigues ambitieuses des Guise et de la lutte des partis religieux, contribuèrent au célèbre édit de pacification entre les catholiques et les réformés; comblèrent le vide du trésor, et procurèrent à Catherine l'exercice de toute l'autorité d'une véritable régente, sous le double titre de tutrice du roi mineur, et de présidente du conseil. Ils confirmèrent, sous ce rapport, en la modifiant, l'ordonnance de Charles VI, de 1407. Mais c'est dans la suite de leurs travaux et de leurs remontrances qu'ils font éclater leur habileté. Ces remontrances furent converties en l'ordonnance dite d'*Orléans,* publiée dans le cours de l'année 1560, l'un de plus beaux monumens de la sagesse de nos pères; elle régla le choix des évêques, celui des juges, qu'elle soumit en outre à un examen préalable, et réprima les vexations des seigneurs. C'est ainsi qu'au sein des troubles qui remuaient le pouvoir et la société jusque dans leurs fondemens, la voix de la nation, par l'organe des Etats-Généraux, calmait les passions et faisait éclore des chefs-d'œuvre. Quel siècle ne serait pas jaloux d'imiter une si belle Constitution! quelle nation n'envierait pas à la France la gloire de l'avoir possédée!

Ce fut encore sur les cahiers de Etats-Généraux que l'on rédigea la célèbre ordonnance de 1579, qui, en trois cent soixante-trois articles, renferme les réglemens les plus admirables touchant la discipline de l'Eglise, l'administration de la justice, la police intérieure de l'Etat, les finances et le commerce; et tout cela au milieu de la lutte animée de toutes les passions, de celles surtout qui agissent le plus profondément sur le cœur de l'homme. Quel argument en faveur d'un système de Constitution qui triomphe, par la sagesse, des plus grands obstacles qui puissent être suscités aux gouvernemens!

Enfin les derniers Etats - Généraux qui furent tenus en 1614, se signalèrent par l'habileté avec laquelle ils sondèrent toutes les plaies de l'Etat; et ce fut encore sur leurs remontrances que l'on rédigea cette immortelle ordonnance de 1629, composée de quatre cent cinquante articles, dont plusieurs ont été adoptés par les rédacteurs de nos Codes.

§ IV.

Spécialité des impôts et des dépenses. — Retour à chaque province des deniers par elle fournis, et non consommés par leur destination spéciale. — Les Etats provinciaux suppléent ou corrigent, pour les localités, les Etats-Généraux, et dirigent l'emploi des deniers consentis.

Les députés des diverses nations concédaient une somme déterminée pour subside, et en opéraient immédiatement la répartition entre les provinces. Cette répartition se faisait séance tenante, ou par des commissions nommées par les Etats (1). Ils désignaient ensuite des commissaires pour procéder à la perception des deniers, et veiller à leur emploi

(1) Masselin, f. 159, 160.

dans chaque province (1). Ces commissaires avaient une autorité fort étendue et supérieure à celle des officiers des finances; de manière que la nation, qui payait, fût parfaitement assurée du mode de perception et d'emploi de l'impôt consenti. En voici une preuve authentique; je la puise dans l'ordonnance du roi Jean, qui adopta les résolutions des Etats-Généraux de 1355.

« Et seront cueillies lesdites aides par certains re-
« ceveurs qui seront ordonnés et établis par les
« députés des trois états dessusdits en chacun pays,
« selon l'ordonnance et instruction qui sera faite
« sur ce.....

« *Item,* est ordonné que des trois états dessus-
« dits seront élus, ordonnés et députez certaines
« personnes bonnes et honnêtes, solvables et loyaux,
« et sans aucun soubçon, qui par les pays ordonne-
« ront les choses dessus dittes, qui auront receveurs
« et ministres selon l'ordonnance et instruction qui
« sera faite sur ce......

« Et outre les commissaires élus ou députés parti-
« culiers des pays et des contrées seront ordonnez
« et establis par les trois états dessus dits, neuf per-
« sonnes bonnes et honnêtes, à savoir de chacun
« état trois, et seront généraux et surintendans sur
« tous les autres, et qui auront deux receveurs gé-
« néraux prud'hommes et bien solvables, pource-

(1) Masselin, f. 159, 160.

« que lesdits surintendans ne seront chargez d'au-
« cune recepte, ne de faire compter aucun.....

« *Item,* que aux députés dessus dits, tant les gé-
« néraux que particuliers, seront tenus d'obéir tou-
« tes manières de gens de quelque estat ou condition
« qu'ils soient, de quelques priviléges qu'ils usent,
« et pourront estre contrainds par lesdits députés,
« par toutes voies et manieres que bon leur semblera.

« Et s'il y en avait aucuns rebelles, que ce n'ad-
« vienne, que lesdits députés particuliers ne puis-
« sent contraindre, ils les ajourneront devant les
« généraux surintendans, qui les pourront contrain-
« dre et punir selon que bon leur semblera.....

« Et vaudra et tiendra ce que sera fait par lesdits
« généraux députés, comme arrest de parlement, sans
« qu'on en puisse appeler, ou que sous ombre d'ap-
« pel l'exécution de leur sentence et ordonnance
« soit retardée en aucune manière.....

« *Item,* que toutes les aides dessus dites, profits et
« amendes quelconques que d'icelles aides, ou pour
« cause et à raison d'icelles adviendront par quel-
« que manière que ce soit, *seront tournées et con-*
« *verties entièrement au fait de la guerre,* sans que
« notre très-chère compagne la reyne, notre cher et
« amé fils le duc de Normandie, autres de nos en-
« fans de notre sang ou de notre lignage, ou autres
« de nos officiers, lieutenans, connétables, maré-
« chaux, admiraux, maistres des arbalétiers, tréso-
« riers, ou autres officiers quelconques en puissent

« prendre, exiger, lever, ou demander aucune chose
« par quelque manière que ce soit, et le faire tour-
« ner ou convertir en autre chose qu'en la guerre
« ou armée dessus dite.

« Et ne seront lesdites aides, et ce qui en istera,
« levées ny distribuées par nos gens, par nos tréso-
« riers, ne par nos officiers, *mais par autres bonnes*
« *gens sages, loyaux et solvables, ordonnez com-*
« *mis, et députés par les trois états dessus dits,*
« tant ès frontières, comme ailleurs, où il les con-
« viendra distribuer, lesquels commis ou députez
« jureront à nous ou à nos gens, et aux députez des
« trois états, que par quelconque nécessité qui ad-
« vienne, ils ne bailleront, ne distribueront ledit
« argent à nous ne à autres fors seulement aux gens
« d'armes, et au fait de la guerre susdite......

« *Ne pourront rien faire les généraux et surin-*
« *tendans des trois états dessus dits au fait de leur*
« *administration, s'ils ne sont d'accord tous en-*
« *semble.......*

« *Item,* qu'au premier jour de may prochain ve-
« nant rassembleront en notre ville de Paris les per-
« sonnes des trois états dessus dits par eux ou par
« personnes suffisantes fondées, pour voir et ouïr le
« compte de ce qui sera fait, baillé et distribué, et à
« cejour sera rapporté suffisament par les députez
« des trois estats, présens les gens de notre conseil,
« combien lesdites aides de la gabelle et de l'impo-
« sition auront vallu, et s'ils voient que lesdites aides

« ne suffisent pas, pour le présent subside, ils pour-
« ront croistre la gabelle selon que bon leur sem-
« blera, et que nécessité le requerrera, ou pour ce
« *que ordonné sera par tous les trois états d'un*
« *accord et d'un consentement sans que les deux*
« *estats s'ils étaient d'accord puissent lier le tiers.*

« *Item,* que *ces présentes aides dureront jus-*
« *qu'à un an et nous sont accordées par les trois*
« *états dessus dits,* sans préjudice de leurs libertés,
« priviléges et franchises, et pour ce que lesdites
« aides ne sont accordées que pour un an tant seul-
« lement, les personnes des trois états dessus dits par
« eux ou par leurs procureurs suffisament fondez
« se rassembleront à la feste de saint André pro-
« chain venant, pour nous consulter et aviser sur le
« fait de nos guerres......

« Et s'il plaisait à Dieu que par sa grâce et par
« l'aide de nos bons sujets, nosdites guerres fussent
« finies dans un an, lesdites aides cesseront du
« tout, *et se de l'argent, et de ce qui en sera levé*
« *y avait aucun reste, ou résidus, ils seraient*
« *convertis au proffit, et necessitez des pays où*
« *ils auraient été cueillis, selon l'ordonnance des*
« *trois états dessus dits......* (1). »

Si nous portons nos regards sur les Etats de Lan-

______

(1) Cette ordonnance est tirée d'un régistre de la chambre
des comptes, où elle est en parchemin, et mangée des souris
en quelques endroits. Elle est encore au trésor des chartres,

guedoc tenus à Toulouse dans le même temps que les Etats-Généraux de 1356 à Paris, nous verrons quelle est la puissance de l'esprit de localité et des Etats provinciaux, pour réveiller l'esprit national, secourir les intérêts généraux et rétablir les règles d'une saine administration. Ces Etats donnent au gouvernement les moyens de faire face à l'ennemi commun, pendant qu'on discute à Paris des réformes, et ils posent le principe que les Etats ont le droit de choisir les percepteurs des subsides qu'ils accordent, et d'en diriger l'emploi.

Les Etats particuliers suppléaient, pour les localités, les Etats-Généraux, et corrigeaient les abus ou vexations particulières. C'est ainsi que, sur leur résolution, Charles VII fit disparaître les péages excessifs et les vexations de toute espèce qui désolaient les bords de la Loire, par son ordonnance du 15 mars 1430.

Il résulte de ces documens authentiques, que les impôts, par suite de la répartition, devenaient spéciaux et particuliers à chaque province pour la quotité qui lui était assignée; que chaque province pouvait en outre voter des fonds particuliers, en cas de refus des Etats-Généraux, et corriger les abus que ces états n'avaient point redressés; que la nation ne cessait pas de veiller par ses députés à la suite des

dans un grand registre de toutes les chartres délivrées sous le roi Jean ; elle fut encore enregistrée au Châtelet de Paris.

fonds votés, à leur perception, à leur emploi ; que le compte en était reçu par les États-Généraux ; et que, sortis des mains de la nation, répartis par elle, levés par elle, employés par elle, ils retournaient à la province qui les avait consentis, pour l'excédant des recettes sur les dépenses spéciales auxquelles ils étaient affectés ; qu'on était bien éloigné de grever ou de dégrever telle classe de la population au profit ou à la charge de telle autre, comme on vient de le faire par les trente centimes ajoutés à la contribution foncière, à la décharge de l'impôt sur les sels, par le dégrèvement de 40 millions sur la propriété foncière, et par la diminution de 40 millions sur l'impôt des boissons, qu'on a reportés l'année dernière à la charge de la contribution directe : mesures absurdes en principe, injustes dans leur application, inutiles dans l'objet qu'on se propose, funestes dans leurs résultats. Un dégrèvement ne doit point être relatif, mais absolu, et il doit tourner directement au profit de tous ceux qui ont consenti et payé l'impôt. Diminuer d'un côté pour accroître de l'autre la charge des contribuables, n'est point un allégement, mais une injustice.

Il résulte encore de ces principes incontestables, la possibilité, pour la France, d'économies immenses. En effet, outre l'économie des frais de perception, qui coûte aujourd'hui, terme moyen, 13 p. 100, l'on pourra dégrever certaines provinces d'impôts qui tournent au profit exclusif de telle ou telle autre, et diminuer, par les votes des localités, le poids des dépenses générales. On n'entendrait plus dire alors par le rapporteur d'un budget, « que des hommes « consciencieux, après des mois de travail, ne trou- « vent que 10 millions d'économie à présenter (1). »

A l'appui de ce système de finances, rectifié par les principes de notre ancienne Constitution, et par une expérience de plus de deux siècles, j'invoque-rai le témoignage de l'un des hommes qui passent pour habiles en cette matière; il s'exprimait ainsi, dans la séance du 11 décembre dernier, touchant les trois douzièmes provisoires (2) :

« Si nous avions un système de finances définiti- « vement arrêté ; si nos impôts étaient bien établis; « si nos dépenses étaient bien fixées, il nous serait « parfaitement indifférent d'ouvrir au ministère un « crédit de 200, de 300 et même de 360 millions, « parce qu'il n'aurait d'un côté à percevoir que des « contributions bien assises, et qu'il ne pourrait « payer, de l'autre, que des dépenses bien réglées.

« Mais, ne nous le dissimulons pas, notre sys- « tème de finances sous lequel nous administrons « aujourd'hui, n'est pas seulement le système de « finances antérieur à la révolution de juillet, c'est « un système de finances antérieur à la révolution « de 1789, aggravé, empiré de la manière la plus

(1) Rapport de M. Thiers sur le budget de 1832.

(2) M. de Mosbourg.

« douloureuse pour les classes les plus nombreuses et
« les plus pauvres de la société.

« Ainsi, messieurs, la gabelle, qui ne faisait autre-
« fois le malheur que de quelques provinces, est au-
« jourd'hui, sous le nom d'*impôt du sel*, une charge
« accablante pour tous les départemens du royaume.
« (*Bravo!*)

« Ainsi, les aides, qui n'affligeaient qu'une partie
« de la France, désolent aujourd'hui la France en-
« tière, sous le nom de *contributions indirectes*.

« Ainsi, la contribution personnelle, comme
« impôt de quotité, remplace, avec un poids im-
« mense pour les classes pauvres, la capitation, qui
« était autrefois si odieuse, et qui donnait lieu à tant
« de réclamations.

« Ainsi, enfin, la contribution mobilière, que l'on
« prétend aujourd'hui établie suivant la valeur loca-
« tive des maisons d'habitation, par sa nouvelle ré-
« partition, n'a fait que soulager les classes aisées
« aux dépens des classes misérables, etc..... »

Ces principes avaient été professés, dès 1788, par
un ministre dont le patriotisme et la popularité
furent célèbres. M. Necker s'exprimait ainsi dans
un mémoire par lui présenté à Louis XVI :

« Il est sans doute des parties d'administration
« qui, tenant uniquement à la police, à l'ordre pu-
« blic, ne peuvent jamais être partagées, et doivent
« constamment reposer sur un intendant seul ; mais
« il en est aussi, telle que la répartition et la levée

« des impôts, l'entretien et la construction des che-
« mins, le choix des encouragemens favorables au
« commerce, au travail général et aux débouchés
« de la province en particulier, qui, soumises à une
« marche plus lente et plus constante, peuvent être
« confiées préférablement A UNE COMMISSION COMPO-
« SÉE DE PROPRIÉTAIRES.

« De cette manière, Votre Majesté aurait des ga-
« rans multipliés du bonheur de ses peuples; *et sans*
« *déranger en rien l'ordre public,* elle serait sûre
« que les tributs nécessaires aux besoins de l'Etat
« seraient adoucis par la répartition, et plus encore
« par la confiance.

« En même temps, ce qui convient à chaque pro-
« vince en particulier serait mieux connu. La France,
« composée de vingt-quatre millions d'habitans
« (1778) répandus sur des sols différens, et soumis à
« diverses coutumes, ne veut pas être assujétie aux
« mêmes genres d'impositions.

« Ici la rareté excessive du numéraire peut obli-
« ger à percevoir la contribution en nature; ailleurs,
« une multitude de circonstances invitent à la lever
« en numéraire; ici, la gabelle, impôt sur le sel, est
« supportable; là, des troupeaux nombreux qui com-
« posent la fortune des habitans, font de la cherté
« du sel un véritable fléau; ici, tous les revenus
« sont en fonds de terre, et l'on peut confondre la
« capitation avec les vingtièmes; ailleurs, de grandes
« richesses mobilières et l'inégalité de leur distri-

« bution invitent à séparer ces divers impôts ; ici,
« l'impôt territorial peut être fixe et immuable ;
« là, tout est vignoble, et tellement soumis à des
« révolutions, que, si l'impôt n'est pas un peu flexi-
« ble, il sera trop rigoureux ; ici, les impôts sur les
« consommations sont préférables ; ailleurs, le voisi-
« nage de l'étranger les rend illusoires, et difficiles
« à maintenir.

« Mais partout, en même temps que la raison
« commande, l'habitude et le préjugé font résis-
« tance ; cependant c'est l'impossibilité de pourvoir
« à toutes ces diversités par des lois générales, qui
« oblige d'y suppléer par l'administration la plus
« compliquée ; et comme la force morale et physique
« d'un ministre des finances ne saurait suffire à cette
« tâche immense et à de si vastes sujets d'attention,
« il arrive nécessairement que *c'est du fond des*
« *bureaux que la France est gouvernée,* et selon
« qu'ils sont plus ou moins éclairés, plus ou moins
« purs, plus ou moins vigilans, les embarras du mi-
« nistre et les plaintes des provinces s'accroissent
« ou diminuent. Cependant, en ramenant à Paris
« tous les fils de l'administration, il se trouve que
« c'est dans ce lieu où l'on ne sait que par des rap-
« ports éloignés, où l'on ne croit qu'à ceux d'un
« seul homme (l'intendant ou le préfet), et où l'on
« n'a jamais le temps d'approfondir, qu'on est obligé
« de diriger et de discuter toutes les parties d'exé-
« cution appartenantes à 5oo millions d'imposition.

« *Quelle différence entre la fatigue impuissante*
« *d'une telle administration, et le repos et la con-*
« *fiance que pourrait* DONNER UNE ADMINISTRATION
« PROVINCIALE! Aussi n'est-il aucun ministre sage
« qui n'eût dû désirer un pareil changement, si,
« trompé par une fausse apparence d'autorité, il
« n'eût imaginé qu'il augmentait son pouvoir en
« rapportant tout à un intendant (préfet) tenu de
« prendre ses ordres. Les ministres doivent sentir
« que lorsqu'ils ramènent à eux une multitude d'af-
« faires au-dessus de l'attention, des forces et de la
« mesure du temps d'un seul homme, *ce ne sont plus*
« *eux qui gouvernent,* CE SONT LES COMMIS SEULS,
« et ces commis, ravis de leur influence, ne man-
« quent jamais de persuader au ministre qu'il ne
« peut pas se dispenser de commander sur un seul
« détail; qu'il ne peut pas laisser une seule volonté
« libre sans renoncer à ses prérogatives et diminuer
« sa consistance, *comme si l'établissement de l'or-*
« *dre et son maintien par les mesures les plus sim-*
« *ples, ne devait pas être le seul but de tous les*
« *administrateurs raisonnables.*

« J'ai déjà indiqué une partie des avantages atta-
« chés à ce nouvel ordre d'administration : il en est
« beaucoup d'autres que j'omets. C'en serait un que
« multiplier les moyens de crédit, en procurant aux
« provinces la faculté d'emprunter. C'en serait un
« plus grand, que d'attacher davantage les proprié-
« taires dans leurs provinces, en leur y ménageant

« des occupations publiques dont ils se crussent ho-
« norés. Cette part à l'administration exciterait le
« patriotisme, et porterait vers le bien de l'Etat une
« réunion de lumières et d'activité dont on recueil-
« lerait les plus grands et les meilleurs effets. »

A ces vérités incontestables, qu'objectent les partisans du *statu quo?* Le tort de la centralisation,
disent-ils (1), ne peut être que dans les administrations centrales. Or, ces huit administrations centrales réunies ne coûtent que 12,978,900 fr. ; les pré-
fectures et sous-préfectures ne coûtent que 9 millions; la division des communes, la direction des
ponts et chaussées, le conseil des bâtimens civils ne
coûtent que 600,000 fr. Les administrations provinciales coûteraient-elles moins? Et d'ailleurs n'est-il
pas indispensable de centraliser à Paris le mouvement et les dépenses de l'armée de terre et de mer;
la direction des affaires étrangères et la comptabilité
des finances?

Je réponds à ces objections que ce n'est pas l'emploi de cette somme de 22 millions consacrée à des
administrations centrales, qui constitue la centralisation et ses vices; que ces administrations centrales,
utiles par leur nature, pour imprimer une direction
générale et maintenir l'autorité royale, ne sont point
incompatibles avec les spécialités que nous deman-
dons. Mais ce qui constitue la centralisation, c'est

(1) Rapport sur le budget de 1832.

l'interdiction infligée aux provinces de consentir et de régler elles-mêmes la nature et la quotité de leurs impôts; d'apporter leur poids dans la balance des intérêts généraux, et d'administrer leurs établissemens et leurs propriétés : c'est cette action exclusive d'un pouvoir central sur leurs intérêts spéciaux; c'est cette unité, cette homogénéité de contributions qui frappe également sur toutes les provinces, quelle que soit la nature de leurs produits et de leurs besoins; c'est ce niveau d'une comptabilité qui ne fait aucune distinction là où il va de la vie d'en établir d'essentielles; c'est, en un mot, cette confusion des intérêts, des dépenses et des impôts de localités, dont les variétés forment l'essence, avec ces dépenses et ces intérêts généraux pour lesquels il exista toujours en France une administration centrale.

Or, croit-on que nos sept ministères nous coûteraient 444,724,800 fr., si les provinces étaient appelées à régler par leurs députés la nature et la quotité des subsides qu'elles pourraient voter? si les dépenses étaient fixées sur leurs besoins réels, et non sur les nécessités créées par l'esprit de révolution? Croit-on que les provinces n'arrêteraient pas irrévocablement, par la limitation des dépenses, la nature des principes nécessaires au repos de la patrie? que l'on aurait encore en perspective la perpétuité d'un état militaire écrasant, la nécessité de nouveaux emprunts, d'un amortissement et d'une dette inextinguible? Non, mille fois non. C'est donc cet esprit révolutionnaire central, cet égoïsme d'une faction qui immole par des révolutions renaissantes les intérêts généraux de la France à ses intérêts propres de puissance et de fortune, qu'il faut détruire. C'est à la France de voir si elle a le courage de consommer cette destruction, ou s'il lui convient mieux de périr dans les angoisses d'une misère et du chiffre d'un budget que rien désormais, dans l'état actuel des choses, ne saurait atténuer, et que tout doit contribuer à accroître. Car, en définitive, à qui appartient le droit de proclamer les besoins et les vœux nationaux, si ce n'est à la collection des provinces? A qui appartient-il de fixer ce qu'on doit entendre par les intérêts généraux, si ce n'est aux votes combinés et réunis de ces diverses provinces?

Oublie-t-on d'ailleurs que les dépenses d'un budget doivent être productives pour la nation qui les a consenties; que, lorsqu'elles sont productives, elles cessent d'être un fardeau, et qu'elles deviennent, au contraire, une source de richesse pour elle? oublie-t-on que la spécialité des dépenses et des impôts peut seule les rendre productifs par le sentiment profond de leur nécessité et la connaissance de leur application immédiate? que le crédit national ne saurait avoir d'autre base que celle-ci; qu'il se compose de la prospérité effective de chaque individualité nationale ou province française, et que, hors de là, on ne peut voir dans ce crédit central, alimenté par un amortissement de 80 millions annuels, qu'un men-

songe et une déception de plus, et par conséquent
une cause permanente de détresse, véritable tonneau
des Danaïdes, dans lequel on verse incessamment,
sans qu'il puisse en rien retenir, des flots d'or qui
vont se perdre dans les sables?

§ V.

Réponse à l'objection que le peuple en masse n'a jamais été appelé en
France à voter aux États-Généraux.

Mais jamais, disent les ennemis des droits de la
nation, le peuple en masse n'a été appelé en France
à voter dans les États-Généraux; ce vote universel
est une impossibilité, une chimère. On veut renverser la liberté en la poussant à l'extrême.

A entendre ces apôtres d'une liberté égoïste et
mutilée, qui sourit à leur ambition sans la contra-
rier jamais, ne dirait-on pas que c'est une chose
nouvelle que nous proposons, et un subterfuge que
nous avons imaginé? Pour leur répondre, laissons
parler M. Rœderer, qui ne doit pas leur être sus-
pect, dans son livre intitulé : *De l'Esprit de la révolution de* 1789, par lui offert à S. A. R. le duc
d'Orléans, qui voulait en faire la base de ses ensei-
gnemens à ses fils.

« L'exercice des droits politiques était absolu,
« plein et entier dans le commun état au quinzième
« siècle; les hommes des communes les exerçaient,
« sinon sans partage, du moins sans désavantage et

« sans opposition. Le commun état avait une consti-
« tution de fait, une constitution où tous les droits
« étaient garantis, à laquelle il ne manquait que
« d'être rédigée en un seul corps de loi, et de for-
« mer un seul contexte ; car tous les articles en
« étaient écrits explicitement ou implicitement dans
« des actes authentiques.

« Entre ces droits, il en est un qui renferme tous
« les autres, et qui les garantit tous ; c'est celui de
« voter l'impôt : à la faculté d'accorder ou de refuser
« l'argent, est attachée la certitude d'obtenir l'exer-
« cice des autres facultés.

« La faculté de voter l'impôt ne peut appartenir
« qu'à ceux qui sont dans l'obligation de le payer :
« ce droit est inhérent à la propriété contribuable ;
« c'est un droit de la propriété ; d'où il suit que,
« même dans une assemblée composée de trois or-
« dres ou états, s'il s'agissait d'un impôt payable par
« le commun état seul, ce serait le vote du commun
« état seul qui, de droit et de fait, pourrait l'auto-
« riser, parce que, sans le consentement des pro-
« priétaires, sa perception serait un sujet de révolte
« et de trouble.

« Que si, de fait et de droit, c'était le commun
« état qui, au quinzième siècle, votait l'impôt, c'é-
« tait aussi lui seul qui pouvait réellement mettre
« des conditions à son consentement, se plaindre,
« se faire écouter, obtenir le redressement de ses
« griefs.

« Il est authentiquement prouvé qu'à la fin du
« quinzième siècle et au commencement du sei-
« zième, les *grands* seuls, et par les *grands,* il faut
« entendre les *seigneurs* de vastes domaines, ou les
« possesseurs à titre de fiefs des grands offices de la
« couronne, les grands seuls, disons-nous, four-
« nirent dans la constitution politique une classe
« distincte; que les nobles sans seigneurie furent
« confondus avec le tiers-état, et que dans les Etats-
« Généraux assemblés durant cette période, les sei-
« gneurs reconnus ou nommés par le roi, formèrent
« une Chambre distincte, comme aujourd'hui la
« Chambre des pairs ;

« 2° Qu'alors les députés des trois ordres furent
« élus confusément, et sans proposition déterminée,
« entre les membres de chaque ordre dans des as-
« semblées communes ;

« 3° Que tous les députés, de quelque ordre qu'ils
« fussent, furent réputés mandataires, non d'un in-
« térêt particulier d'ordre ou de corps, mais des
« intérêts communs ;

« 4° Que les délibérations devaient être commu-
« nes entre tous les députés à l'Assemblée nationale ;

« 5° Que les voix devaient être comptées par tête,
« et non par ordre ;

« 6° Que les impôts, pour être légitimement le-
« vés, avaient besoin d'être consentis par ceux qui
« les payaient;

« 7° Que la nécessité du consentement[1] résultait

« du droit de propriété inhérent à tout Français;

« 8° Que l'assemblée des députés avait droit de
« prendre connaissance des besoins de l'Etat pour
« y mesurer les contributions;

« 9° Que la taille ne devait pas être accordée à
« perpétuité, mais seulement pour un temps limité;

« 10° Que les Etats devaient être, sinon périodi-
« quement rassemblés, au moins ajournés à une
« époque fixe pour proroger ou suspendre, diminuer
« ou accroître l'impôt, suivant les circonstances.

« S'il résulte des monumens qui nous restent des
« Etats de 1467 et 1468, que ces principes étaient
« professés par les Etats, et avoués par la cour, il
« sera, je pense, incontestable que les droits de la
« nation étaient alors complètement hors de doute,
« et qu'ils étaient solennellement reconnus. »

« Les députés du tiers-état, disait Philippe de
« Poitiers, député de la noblesse aux Etats-Généraux
« de 1484 (1), prétendent être seuls députés du
« peuple; mais qu'ils regardent autour d'eux, qu'ils
« lisent la teneur des procurations, ils verront qu'ils
« ne sont pas plus les procureurs du peuple que ne
« le sont les ecclésiastiques et les nobles, car cha-
« que député tient ses pouvoirs de tous les électeurs
« des trois états, et non du sien seulement...... »

(1) Masselin, f. 176.

§ VI.

Énonciation antérieure dans l'ordonnance de convocation des États-Généraux, des objets qui doivent être mis en délibération, et spécialité du mandat donné d'avance aux députés par les électeurs, et à ceux-ci par tous les citoyens de chaque ville, de chaque commune, sans exception.

Si le consentement de l'impôt est inhérent à la qualité de contribuable, il est donc clair, comme nous l'avons déjà prouvé, que tous les citoyens avaient droit de voter; et comme ils ne pouvaient paraître tous ensemble dans l'assemblée des députés, il fallait qu'ils donnassent un mandat exprès et spécial à ces députés, afin que la volonté de ces derniers fût l'expression fidèle de la leur. Ce mandat devait donc précéder ou accompagner l'élection, et les députés ne pouvaient point procéder sur des objets non prévus, sans en référer préalablement à leurs commettans.

En voici une preuve authentique :

Les Etats-Généraux de 1359 déclarèrent ne vouloir rien accorder, et n'accordèrent rien, en effet, qui ne fût autorisé par leurs commettans.

Les Etats-Généraux de 1381, sur la demande de subsides faite par Charles VI, répondirent qu'ils avaient ordre d'entendre ce qu'on leur proposerait, sans rien conclure; qu'ils feraient leur rapport à leurs concitoyens, et qu'ils ne négligeraient rien pour les déterminer à accéder aux désirs du roi. Ceux des députés qui avaient dépassé leurs pouvoirs furent désavoués; et sur le rapport des autres, la résistance des peuples fut telle, que l'établissement des impôts demandés fut impossible. Que l'on compare cette action de la volonté nationale sur celle du prince, au mandat vague et illimité de nos jours, qui ouvre la porte à tous les caprices d'un ministère ou d'une majorité, aux impôts les plus écrasans, et que l'on nous dise lequel de ces deux gouvernemens est le plus populaire!

Il est donc faux que les citoyens et les électeurs abdiquassent, entre les mains de leurs mandataires, la puissance nationale : ils la retenaient, au contraire, pour tout ce qu'ils n'avaient pas délégué, et surtout pour une chose aussi grave que de pourvoir à la vacance du trône. Le corps entier de l'histoire le prouve; et sans anticiper sur les documens que nous allons analyser, c'est une conséquence forcée de la nature même de la représentation nationale.

Tout cela est évident; mais nos doctrinaires, pour s'affranchir de l'entrave du mandat, ont imaginé de prétendre que la représentation n'est qu'un préjugé politique, et que les députés ne sont point les mandataires du peuple. C'est ainsi qu'en 1789 ils ont converti les Etats-Généraux en une Assemblée constituante; que depuis ils ont exclu de l'élection la presque totalité des citoyens actifs, et qu'ils ont fait de la souveraineté nationale un édifice en l'air, ne tenant qu'à une classe de Français dont la majorité se trouve entre 200 et 400 fr. de cens, et qui ayant des intérêts homogènes, sont toujours sûrs de faire la loi au reste des électeurs et de la nation. Quand on a ainsi coupé tous les fils qui rattachent la représentation à l'universalité des citoyens actifs, la spécialité du mandat n'est plus nécessaire, car les députés ne représentant aucune volonté particulière, n'ont d'autre règle à suivre que leur volonté propre. Ils renferment mystérieusement dans leurs personnes la puissance de la nation, sans qu'il soit possible de savoir comment elle leur a été communiquée. Cette doctrine est assurément commode pour faire dire et vouloir à la nation tout ce qu'on voudra, pour organiser un pouvoir central, et se dispenser de l'administration des intérêts spéciaux ; mais cette doctrine est monstrueuse ; tranchons le mot, elle est absurde, et ce n'est pas l'un des phénomènes les moins curieux de notre époque, qu'elle ait pu être convertie en loi, et subsister depuis plusieurs années en France.

Du droit d'élection ainsi limité, on s'est cru autorisé à conclure qu'un cens d'éligibilité devait être établi pour être député ; conséquence fausse d'un principe vicieux, et qui tend à détruire toute indépendance, toute liberté nationale. Nos pères, plus logiciens ou plus intègres que nous, n'avaient apposé, comme nous l'avons vu, aucune condition à l'éligibilité ; l'homme de la classe la plus obscure pouvait être député, s'il était élu par ses concitoyens.

N'est-ce pas une prodigieuse anomalie politique que de voir, au dix-neuvième siècle, à une époque où l'on se pique de civilisation et de progrès, les magistrats et les avocats exclus du droit d'élection, s'ils ne paient un cens de 200 fr.? N'est-il pas plus inconcevable encore qu'une telle exclusion ait été adoptée par des hommes dont on ne peut contester l'amour de la liberté, de l'égalité civile, et les sentimens patriotiques, mais qui, dans tout le cours de leur vie, n'ont embrassé que des fantômes à la place de ces biens précieux? Au lieu de régulariser, par des lois fondamentales préexistantes, l'expression des vœux de la population, ils adoptent la force d'une multitude aveugle que le désespoir ou l'égarement pousse à la violence, et c'est dans cette fièvre qu'ils font résider la liberté et la puissance nationales; de telle sorte qu'un acte de la souveraineté nationale est une convulsion... Et quand cette crise est opérée, ils refusent à cette multitude, à qui ils ont fait renverser un trône et créer un roi, le droit moins important de participer à l'élection et d'avoir une volonté propre!! Ils comparent apparemment cette population à ces sibylles qu'une volonté mystérieus et invisible faisait servir à rendre des oracles, et qui rentraient ensuite dans la silencieuse obscurité de leur antre... Que dis-je? ils admettent certaines professions libérales, et ils excluent les autres; ils n'ont point compris les centimes additionnels dans le cens, violant ainsi leur principe dès le premier pas; et après avoir accordé le droit d'élection au fermier, ils en ont exclu le colon partiaire, qui occupe plus spécialement l'ouest, le sud-ouest et le nord-ouest de la France!! La publicité des listes n'est point faite pour les communes de six cents habitans, qui forment vingt mille communes, c'est-à-dire près de la moitié de la France; le territoire électoral est morcelé au gré du pouvoir; le nombre des députés assignés aux départemens, la formation des colléges en arrondissemens et en sections, le lieu de la convocation, tout est arbitrairement déterminé par lui : Paris exerce à lui seul un quart des droits électoraux de la France.

C'est avec cette machine de centralisation et d'arbitraire que l'on aura des députés flexibles à toutes les opinions et à tous les partis; ils viendront eux-mêmes fabriquer leurs mandats à Paris. « Il y en aura un forgé au ministère de l'intérieur, un autre dans le salon de Lointier, un troisième rue de Rivoli, un quatrième au quai Voltaire : l'un sera rédigé selon les principes de M. Casimir Périer, un autre d'après les doctrines de M. Odilon - Barrot; celui-ci conforme aux vues de M. Laffitte, celui-là en raison des combinaisons de telle ou telle coterie ou partie flottante de la Chambre.

« Le pays sera-t-il consulté dans tous ces arrangemens? Il s'agit bien du pays! Qui aura les portefeuilles, le conseil d'Etat, les ambassades, la présidence, les directions, les recettes générales? A ce prix, on blessera les sentimens les plus patens de ceux qui vous ont délégués; on fera une dynastie nouvelle, quand ils veulent rester attachés à un autre principe; on conservera la centralisation et les monopoles, quand ils demandent que les provinces et les communes rentrent en possession de leurs franchises; on augmentera l'impôt, lorsque de toutes parts des économies et des réductions sont réclamées; on maintiendra le despotisme, la fiscalité universitaire, alors que de toutes parts la liberté de l'enseignement sera réclamée; on créera des priviléges au profit d'une classe; en un mot, on se mettra en désaccord avec les vœux et les intérêts de tout le pays; la représentation ne représentera plus que la faction la plus nombreuse et la plus intrigante (1). »

A ce système de déception, que l'on compare la représentation nationale telle qu'elle existait en France!

§ VII.

Mode de convocation aux États-Généraux; nombre des députés; mode de leur élection; rédaction de leur mandat, et forme des délibérations.

Nous croyons devoir donner ici le détail des formes de convocation des Etats-Généraux, du nombre des députés, du mode de leur élection, de la rédaction de leur mandat, et de la forme des délibérations. Nous empruntons ces détails à l'*Histoire des assemblées*

(1) *Gazette de France.*

nationales de France, par M. Henrion de Pansey, t. 2, ch. 29. Ils confirment tout ce que nous avons dit précédemment.

Les Etats-Généraux étaient convoqués par des mandemens adressés aux baillis et sénéchaux. Ces mandemens exposaient l'objet de la convocation, et déterminaient le nombre des députés que chaque ordre avait à nommer. Pour les faire connaître tous, il suffit d'en rapporter un ou deux. Voici ceux qui furent donnés pour la convocation des Etats de 1588 et 1614.

« Notre amé et féal, chacun doit connaître quel a toujours été notre soin paternel vers nos bons sujets..... Cependant, plus allons avant, plus voyons croître nos maux, et toutes choses aller en désordre et confusion......

« Tout considéré, nous avons jugé n'y pouvoir tenir un meilleur chemin que celui qui a été pratiqué par nos prédécesseurs rois, lesquels, parmi les grands désordres survenus durant leur règne, qui ne se peuvent quasi comparer à ceux qui sont maintenant, d'autant qu'ils semblent les surpasser, ont recouru à une tenue des Etats-Généraux du royaume, laquelle se trouve aujourd'hui plus requise et nécessaire qu'elle ne fut oncques.

« Et pour cette cause, nous vous avertissons et signifions que notre volonté et intention est de commencer à tenir les Etats-libres et Généraux des trois ordres de notredit royaume, au 15e jour d'août prochain, en notre viile de Blois, où nous entendons que se trouvent aucuns des plus notables personnages de chacune province, bailliage et sénéchaussée, pour en pleine assemblée, nous faire entendre les remontrances, plaintes, doléances de toutes personnes, proposer librement et sans être mêlées aucunes pratiques pour favoriser les passions particulières de qui que ce soit, ce qui sera plus propre et convenable pour du tout éteindre et abolir les divisions qui sont entre nos sujets, et mêmement entre les catholiques, et parvenir à un bon et assuré repos, avec lequel notre sainte religion catholique soit si bien rétablie et toutes hérésies repurgées et extirpées de notre royaume, que nos sujets n'aient plus d'occasion d'y craindre changemens, tant de notre vivant qu'après notre décès. Sur toutes lesquelles choses et autres qui pourront être mises en avant, pour la réformation de ce qui a été dépravé durant le malheur des guerres, tant en l'état de l'église, de la noblesse, tiers-état, que de la justice, police et finance, et généralement pour tout ce qui appartiendra au bien universel de notre royaume, nous entendons prendre une bonne et salutaire résolution, de laquelle nous ne nous départirons jamais, ains embrasserons l'exécution avec telle fermeté, affection et persévérance, que nul respect, quel qu'il puisse être, ne nous en pourra démouvoir : donc pour parvenir à cette notre sainte et droite intention, nous voulons, vous mandons et très-expressément enjoignons, que, incontinent après

la présente reçue, vous ayez à faire publier, à son
de trompe et en public, la tenue desdits Etats, et par
même moyen convoquer et assembler, dedans le plus
brief temps que faire se pourra, tous ceux des trois
états de votre ressort, ainsi qu'il est accoutumé de
faire, et que ci-devant s'est observé en cas semblables,
pour conférer et communiquer ensemblement, tant
de remontrances, plaintes et doléances, que de
moyens et avis qu'ils auront à proposer en assemblée
générale de nosdits Etats, sans avoir égard ni considération à aucune autre chose qu'à promouvoir ce
qui sera par eux jugé profitable au bien public de
notredit royaume, et, ce fait, choisir et nommer un
d'entre ceux de chacun ordre, selon qu'il est accoutumé, qu'ils envoieront et feront trouver audit 15ᵉ jour
d'août prochain, en notre ville de Blois, avec amples
instructions et pouvoirs suffisans, pour, selon les bonnes, anciennes et louables coutumes de notredit
royaume, nous faire entendre de la part desdits
Etats, tant leursdites plaintes et doléances, que ce
qui leur semblera propre et commode pour la restauration de ladite religion catholique en son entier,
et la conservation de notredite autorité souveraine
en sa pristine dignité et splendeur, sans laquelle
toutes choses demeurent confuses, et généralement
tout ce qui se pourra mettre en avant pour le bien
public de notredit royaume et soulagement d'un
chacun....... Bien résolu de ne nous dispenser d'un
seul point de ce qu'en une si noble assemblée

aura été par nous délibéré, conclu et arrêté. »

Le mandement pour la convocation des Etats de 1614 est terminé de même, à quelques légères différences près. Il porte :

« Nous mandons, et très-expressément enjoignons, que incontinent la présente reçue, *vous ayez à convoquer et à faire assembler en la principale ville de votre ressort et juridiction, dedans le plus brief temps que faire se pourra,* tous ceux des trois Etats d'icelui, ainsi qu'il est accoutumé et qu'il s'est observé en pareil cas, pour conférer et communiquer ensemble, tant des remontrances, plaintes et doléances, que des moyens et avis qu'ils auront à proposer en assemblée générale de nosdits Etats; et, ce fait, élire, choisir et nommer un d'entre eux de chacun ordre, tous personnages de suffisance et intégrité, qu'ils envoieront et feront trouver en notre ville de Sens, audit jour 10ᵉ de septembre prochain, avec amples instructions, mémoires et pouvoirs suffisans, pour, selon les bonnes, anciennes et louables coutumes de ce royaume, nous faire entendre, tant leursdites remontrances, plaintes et doléances, que les moyens qui leur seront plus convenables pour le bien public, manutention de notre autorité, soulagement et repos d'un chacun; les assurant que, de notre part, ils trouveront toute bonne volonté et affection de faire suivre, observer et exécuter entièrement ce qui sera résolu sur tout ce qui aura été proposé et avisé auxdits Etats, afin qu'un chacun, en son endroit, en puisse recevoir et ressentir les fruits que l'on peut et doit attendre d'une telle et si notable assemblée.

« Donné à Paris, le 10ᵉ jour de juin 1614. »

De ces mandemens il résulte : 1° que le roi convoquait les États-Généraux, par des lettres adressées au prévôt de Paris, aux baillis et aux sénéchaux ; 2° que ces lettres fixaient le nombre des députés que chaque bailliage aurait à nommer ; 3° que les lettres de convocation indiquaient les objets sur lesquels l'assemblée aurait à délibérer ; 4° que les députés recevaient de leurs commettans un mandat et des instructions dont il ne leur était pas permis de s'écarter.

Le bailli transmettait le mandement du roi aux officiers dont il était le chef. Ce tribunal donnait une ordonnance portant : 1° que le mandement serait consigné dans ses registres, publié et affiché dans toutes les villes de son ressort ; 2° qu'il serait, à la diligence du procureur du roi, notifié à tous les nobles possesseurs de fiefs, à tous les ecclésiastiques, ayant, par le titre de leurs bénéfices, droit de suffrage dans les élections, aux corps municipaux des villes ressortissantes à sa juridiction. Enfin l'ordonnance indiquait le jour et le lieu auxquels les électeurs se réuniraient pour procéder au choix des députés.

Ces convocations étaient toujours accompagnées

d'une proclamation par laquelle le corps municipal invitait les habitans à présenter les demandes et les plaintes qu'ils pouvaient avoir à former. Voici une de ces proclamations; elle est des officiers municipaux de la ville de Sens :

« On fait à savoir à tous les bourgeois et marchands, maîtres et gardes des corps et communautés des marchandises, jurés des arts et métiers, *et toutes autres personnes, de quelque état, qualité et condition qu'ils soient, manans et habitans de cette ville,* qu'ils aient à rapporter ou envoyer en toute liberté, pour chacun jour, en l'hôtel-de-ville, les plaintes, doléances, et remontrances que bon leur semblera, lesquelles ils pourront mettre ès-mains desdits prévôts des marchands et échevins, ou les députés recevoir lesdites plaintes, ou icelles mettre dans un coffre, qui, pour cet effet, sera mis en l'hôtel-de-ville, au grand bureau, ouvert en forme de tronc, pour après être fait ouverture du coffre par lesdits prévôts des marchands, échevins, députés, et par eux dressé un cahier desdites plaintes, doléances et remontrances, et sera la présente ordonnance publiée à son de trompe et cris publics par les carrefours de cette ville et faubourgs, et affichée auxdits carrefours, places et autres lieux, à ce que personne n'en prétende cause d'ignorance.

« Fait au bureau de ladite ville, le vendredi 27ᵉ jour de juin 1614. »

En vertu de l'ordonnance du bailliage, chaque municipalité convoquait les notables de sa commune, c'est-à-dire les juges, les avocats, les médecins, les notaires, les procureurs, les chefs des corporations, et autres notables bourgeois. Dans cette assemblée on choisissait un certain nombre d'électeurs.

Les nobles, les ecclésiastiques et les électeurs des villes se rendaient au jour et au lieu indiqués par l'ordonnance du bailliage pour l'assemblée générale à Paris; elle se tenait ordinairement au palais archiépiscopal ou au palais de justice. Dans d'autres villes on choisissait quelque maison religieuse, ou même l'église.

Le bailli s'y transportait, assisté des principaux officiers de son siége.

Le clergé était assis à la droite du bailli, la noblesse à la gauche; le tiers-état à la suite de l'un et de l'autre. On y lisait les lettres du roi; le procureur du roi en requérait l'exécution, et on appelait tous les *mandés* par leur nom; on prononçait défaut contre les absens, qu'on ajournait à huitaine.

Le procureur du roi ordonnait ensuite que chaque ordre se retirât, dans un local à part, pour procéder à l'élection, après avoir fait le serment *d'élire gens affectionnés au bien de l'Etat, et de probité reconnue.*

Alors on se séparait. Le clergé, dans les villes épiscopales, demandait ordinairement son renvoi devant l'évêque; dans les autres villes il suivait la marche commune : il nommait un président, à moins que le bailli ou son lieutenant ne voulût assister à ces assemblées. On en trouve plusieurs exemples. Le plus ordinairement ces officiers se joignaient chacun à l'ordre auquel ils appartenaient; ils y présidaient; ils y recueillaient les suffrages, qu'on donnait à voix haute par l'appel d'un greffier; ils déclaraient la nomination faite, si elle était régulière; ils l'annulaient si elle était vicieuse; ils prorogeaient l'assignation s'il y avait lieu, ou défendaient à l'assemblée de se séparer avant d'avoir fait l'élection, si le service du roi l'exigeait. Les contestations qui s'élevaient dans les autres chambres étaient portées devant eux; ils s'y transportaient s'ils le jugeaient nécessaire; enfin ils exerçaient en tout l'autorité royale. Le clergé nommait un ecclésiastique, la noblesse un noble, et le tiers-état un notable de la bourgeoisie; en sorte que chaque ordre était toujours représenté par l'un de ses membres. Ces opérations terminées, tous les électeurs se réunissaient sous la présidence du bailli ou de son lieutenant, et après un recensement public des votes de chacun des trois ordres, ceux qui avaient obtenu la majorité des votes étaient proclamés députés du bailliage. Le bailli faisait promettre aux élus de se trouver au jour prescrit dans la ville indiquée par le roi, pour y tenir les États, et d'y porter fidèlement les cahiers qui leur seraient remis.

Chaque ordre nommait ensuite un certain nombre de commissaires pour la rédaction du cahier, dans lequel il consignait les pouvoirs et les instructions qu'il jugeait à propos de donner à son député. Quand le travail de ces commissaires était fini, on convoquait de nouveau l'assemblée générale pour y examiner les cahiers, les arrêter et les signer.

Sous la dénomination de *bailliages,* on ne comprenait que les juridictions qui ressortissaient purement à une Cour souveraine.

Le nombre des bailliages, que l'on appelait *sénéchaussées* dans les provinces du Midi, a constamment varié, tantôt par des suppressions, tantôt par des érections nouvelles. Je crois que, vers la fin du seizième siècle, ce nombre pouvait être de cent soixante-dix ou cent quatre-vingts. Il y avait aussi des villes qui, par un privilége spécial, avaient le droit de députer aux Etats-Généraux. Ainsi, le nombre des députés à ces assemblées a pu, à certaines époques, s'élever jusqu'à six cents ou environ. On en comptait même jusqu'à 800 aux Etats de 1356, dont quatre cents de la noblesse et quatre cents des bonnes villes.

Le président était élu par les Etats; il prêtait serment debout, tête nue, de bien gérer, et de se rendre digne de la confiance dont il était honoré.

Les députés procédaient ensuite au choix d'un greffier et de plusieurs secrétaires, qui prêtaient serment entre les mains du président.

Le président de chaque chambre avait voix prépondérante en cas que les avis fussent partagés.

On mettait ordinairement plusieurs mois entre la convocation et l'ouverture des Etats, afin que chaque député pût se préparer, et arriver au lieu indiqué pour leur tenue.

Quant à la durée de ces assemblées, elle n'avait rien de fixe. En général, elle paraît avoir été de trois mois; mais il en est qui ne se sont séparées qu'au bout de six et huit mois.

L'usage était de représenter les pouvoirs et de les enregistrer aussitôt après l'élection du président.

Chaque gouvernement vérifiait les pouvoirs de ses députés.

La France était divisée en douze grands gouvernemens, savoir : Paris, l'Isle-de-France, la Bourgogne, la Normandie, la Guienne, la Bretagne, la Champagne, le Languedoc, la Picardie, le Dauphiné, la Provence, Lyon, et Orléans.

Les députés des bailliages et sénéchaussées de chacun de ces gouvernemens formaient autant de réunions partielles, qui nommaient un président; chacune délibérait dans un local particulier; les votes de chaque chambre étaient rapportés à l'assemblée générale, à l'effet de ne faire des douze cahiers qu'un seul cahier général pour chaque ordre; et l'on comptait les voix, non par tête, mais par gouvernement. Il est arrivé quelquefois, cependant, que l'on a délibéré et compté les voix par bailliage.

Le public n'était pas admis aux assemblées générales ni partielles. (Ordonn. de 1560, de Charles IX.)

Les trois ordres avaient le *veto* l'un sur l'autre ; l'ordonnance d'Orléans en renferme une disposition expresse. Il résultait de cet ordre de choses, qu'en cas de dissentiment entre les trois ordres, l'impôt n'était payé que par celui qui l'avait consenti.

Les trois ordres conféraient entre eux par commissaires ou par députations. Dans ce dernier cas, le tiers-état envoyait au clergé un plus grand nombre de députés que le clergé ne lui envoyait. La proportion n'était pas fixe, mais elle était généralement du double au triple. De la noblesse au clergé, le nombre était égal.

On distinguait les lois émanées du propre mouvement du roi, de celles données en conformité des remontrances des Etats-Généraux. On appelait les premières *lois du roi;* on donnait aux secondes la dénomination de *lois du royaume.*

§ VIII.

L'initiative appartient également au roi et aux Etats-Généraux, et leur indépendance, sauf la nécessité de la sanction royale, est assurée.

Cette maxime n'est point, comme on voit, l'œuvre de la révolution de 1830 ; elle justifie ce mot de Mme de Staël : Que la liberté est ancienne en France, et que c'est le despotisme qui y est nouveau.

Je puise la preuve de cette proposition dans le procès-verbal des Etats-Généraux de 1484, qui est peut-être le monument le plus curieux de ce siècle. Ce procès-verbal, déposé à la Bibliothèque des manuscrits, sous le n° 351, et rédigé en latin par Jean Masselin, official de l'archevêché de Rouen, député normand, présent à ces Etats, renferme tous les points de notre droit public solennellement discutés, établis par les représentans de la nation, et consacrés par l'autorité royale, ayant pour organe le chancelier Guillaume de Rochefort.

INITIATIVE DU ROI.

« Le roi n'a pas seulement voulu vous faire jouir
« de sa présence, mais vous communiquer les af-
« faires de son royaume, et vous faire participer
« avec lui à leur direction (1).

« Ces deux choses, la justice et la religion, sont
« de la plus haute importance; leur mépris entraî-
« nerait la ruine de la chose publique; leur admi-
« nistration vigilante, consciencieuse, active et pré-
« voyante produira des fruits abondans; elle 'rani-
« mera et soutiendra le corps de l'État. Elles seront
« donc l'objet d'une attention d'autant plus sérieuse
« de la part du roi, des princes et de vous-mêmes,

____

(1) « Nec suam tantùm personam vobis exhibere, et se fruen-
« dum rex dare voluit, verùm etiam communicare negotia et
« vos suorum agendorum facere participes. » (MASSELIN , f. 33.
Discours du chancelier Guillaume de Rochefort.)

« qu'elles surpassent toutes les autres en excel-
« lence (1).

« Vous veillerez à ce que l'innocent ne soit point
« la victime des concussions et des malversations du
« méchant; à ce que les faibles ne soient point op-
« primés par les puissans du jour; à ce que l'on ne
« puisse rien dérober à autrui, sans être frappé d'un
« châtiment inévitable. Le roi sait, **en** effet, et nul
« de vous n'ignore que la justice est une nécessité
« politique, qu'elle est l'âme et la vie du corps so-
« cial, et le lien de toutes les vertus, sans lequel le
« royaume ne serait plus qu'un théâtre de brigan-
« dages, et la société un horrible chaos. Vous veil-
« lerez à la suppression immédiate du cumul d'em-
« plois, qui ne doivent point être réunis.... (2) »

(1) « Hæ duæ res, justicia scilicet et ecclesia, maximæ sunt
« ob quarum quidem contemptum rem publicam perditam iri
« necesse est, et è contrario in eis pervigil, et devota cura,
« rectaque provisio maximos parit fructus, et reipublicæ cor-
« pus favet et sustentat ; hæ vobis igitur res sicut regi et prin-
« cipibus curæ erunt, et curæ enim eo majori quò reliquas
« excellunt. » (MASSELIN, f. 35. Discours du chancelier Guillaume de Rochefort.)

(2) « Videbitis insontes à nocentibus non impunè concuti,
« aut à potentioribus opprimi debiles, nec sinè vindictâ quem-
« quam alienum tollere ; scit quidem rex, et ignorat nemo
« justitiam potissimùm rebus publicis necessariam esse, quæ
« nutrimentum , immò vita corporis est, tametsì virtutum
« connexitas quâ sinè regna latrocinia sunt, quædam societas

« Je vous prie, je vous conjure tous de faire, du
« roi, de la chose publique, de la paix, de l'union,
« de l'État, de l'église, de la police du royaume, du
« commerce, les objets de vos plus sérieuses médi-
« tations. Je termine par ces mots, qui renferment
« tout ce qui doit faire la matière de vos délibéra-
« tions. Il conviendra d'observer dans ces delibéra-
« tions l'ordre suivant: vous vous occuperez d'abord
« de ce qui intéresse le bien de tout le royaume et
« la personne du roi; de là vous passerez à ce qui
« touche aux intérêts des provinces, des villes et des
« particuliers : vous vous appliquerez à ne point
« confondre et mêler ensemble ces différens ob-
« jets (1). »

INITIATIVE DES ÉTATS-GÉNÉRAUX.

« Le roi écoutera favorablement vos propositions,
« et y acquiescera. Non seulement il les écoutera fa-
« vorablement, *mais il se fera un devoir de suivre*
« *et d'exécuter, avec le plus grand zèle, tout ce*

« confusa atque turpissima : immò cumulus malè conjuncto-
« rum statim dissipandus. » (MASSELIN, f. 37. [Discours du
chancelier Guillaume de Rochefort.)

(1) « Oro verò, obtestorque omnes, rex, respublica, pax,
unio, status, ecclesia, politia vobis curæ sint atque com-
mendentur. His verbis finem facio omnia breviter complec-
tens per vos aliquandò consultanda. Hunc autem deliberandi
ordinem vos servare congruit, ut primò qui totius regni bo-

« *que vous aurez proposé d'utile à sa personne et*
« *au gouvernement de son royaume.* Réunissez-
« vous donc fréquemment, concertez-vous, discutez
« avec sagesse, *efforcez-vous de pourvoir à tout*
« *d'une manière solide, sans crainte, sans partia-*
« *lité, et surtout qu'aucun respect humain, que*
« *ni la haine, ni la faveur, ni l'ambition, ne pré-*
« *cipitent vos résolutions* (1). »

« Les diverses nations qui composaient l'assemblée furent partagées en six bureaux : l'étendue des
provinces et du royaume l'exigeait ainsi. Cette division fut adoptée, non seulement pour répondre
d'une manière spéciale et précise aux six parties du
discours du chancelier où le roi avait pris l'initiative, mais encore pour mettre les députés de chaque
nation à même de s'expliquer séparément sur les
désastres et les maux qui affligeaient chaque province. Ils entendaient faire, sur ce point, des pro-

num, regis que personam respiciunt tractentur, dehinc pro-
vinciarum, post civitatum, et singulorum, nec has misceatis,
oro, materias. » (MASSELIN, f. 39. Discours du chancelier
Guillaume de Rochefort.)

(1) « Favebit quidem rex et annuet vestris consiliis ; nec favebit, modò verùm etiam quæ sibi regnoque dixeritis utilia
summo studio curabit exequi, servare, deffensare que ; igitur
vos unâ convenite frequenter, sapienter consulite, salubriter
providete, sinè metu, sinè favore, nec vos alicujus reveren-
tia, vel odium, non ambitio præcipites agat. » (MASSELIN, f. 35.
Ibidem.

positions séparées et spéciales : et, bien que *le corps*
entier de l'Etat n'offrît, en quelque sorte, qu'une
plaie et un aspect de misère et de corruption pro-
fonde, les députés voulaient, aux remèdes géné-
raux, joindre les remèdes particuliers, nécessaires
à chaque localité (1). »

Le premier bureau comprenait Paris, l'Isle-de-
France, la Picardie, la Champagne, la Brie, le Ni-
vernais, le Mâconnais, l'Auxerrois et l'Orléanais;
le second, les deux Bourgognes et le Charolais; le
troisième, la Normandie, Alençon et le Perche; le
quatrième, la Guienne, l'Armagnac, Foix, l'Agé-
nois, le Périgord, Querci et Rouergue; le cinquième,
le Languedoc et le Dauphiné, la Provence et le
Roussillon; le sixième, le Berri, le Poitou, l'Anjou,
le Maine, la Touraine, le Limousin, l'Auvergne, le
Bourbonnais, Forez, Beaujolais, Angoumois et Sain-
tonge.

On élut pour président Jean Devillers de Gros-

____

(1) « Partitio seximembris electa est, quoniam regni et pro-
vinciarum amplitudo in pauciores partes divisionem fieri non
patiebatur, quòdque in regno sunt subsidiorum generalitates.
Item in sex partes fuit cancellarii oratio quæ forsan sex respon-
siones postularet, ad quod accedit quòd multi suas calamita-
tes particulatìm et scorsùm volebant respondere, et prosequi,
quamvis totum regni corpus in se, singulisque membris, vul-
neratum et debilitatum esset, nec una quidem pars sana vide-
batur, sive egestate, sivè moribus difformata.... » (MASSELIN,
f. 4o.)

layes, abbé de Saint-Denis, premier député de Paris, et on lui donna deux secrétaires.

Chacun de ces six bureaux ou nations choisit un lieu particulier pour ses délibérations.

La salle des Etats - Généraux restait disponible pour les rapports à faire sur les travaux particuliers de chaque nation, et les délibérations communes. (Masselin, f. 41.) (1).

Une convocation générale eut lieu pour la lecture des articles arrêtés par chaque nation. Les Parisiens commencèrent touchant les abus et les réformes de l'Eglise ; ensuite les Bourguignons et les autres nations, dans l'ordre sus-énoncé. Une assez grande confusion régnait dans la rédaction de plusieurs cahiers ; en conséquence, les trois propositions suivantes furent faites.

On proposa d'abord de nommer des commissaires pour rédiger en un seul cahier général les six cahiers particuliers des six bureaux (2). On demanda (3), en second lieu, si un seul orateur serait chargé, au

(1) « Aula verò communis manebat ad referendum et deliberandum in communi. » (Masselin, f. 41.)

(2) « Primò de sigulis partibus, aliqui certi viderentur nominandi qui dictos sex codices in unum generalem conflarent. »

(3) « Secundò an esset responsio danda per unum qui haberet agere regi gratias, et quædam generalia dicere, vel si singulæ partes singulos respondentes darent. »

nom de toute l'assemblée, de faire une seule réponse
au roi, et, en lui présentant les actions de grâces des
députés, de proposer des choses générales sur les objets de la convocation, ou si, au contraire, il con-
viendrait que chaque nation eût son orateur spécial
chargé de répondre en son nom. En troisième lieu,
s'il fallait dès à présent traiter de ce qui avait rapport à la personne du roi, à la régence et à son
conseil (1).

Sur la première question, il fut statué que chaque
nation nommerait six commissaires, deux ecclésiastiques, deux gentilshommes et deux membres du
tiers-état, et qu'il y aurait en tout une commission
de trente-six membres pour rédiger un cahier général des articles des cahiers des six nations.

Sur la deuxième question, il parut convenable de
ne faire au roi qu'un seul rapport par l'organe d'un
même orateur. Cet orateur fut Jean de Rely, doc-
teur en théologie.

Sur la troisième question, il fut arrêté qu'on ren-
verrait la discussion après celle des articles et leur
rédaction définitive. (Masselin, f. 43, 44.)

« Les six nations se retirèrent dans leurs salles
respectives pour délibérer sur les objets ci-dessus;
mais elles prirent des conclusions différentes et même
opposées. Pour réduire à l'unité un si grand nombre

(1) « Tertiò si esset de his quæ regis personam , ejus regimen
et consilium nunc tractandum et scribendum. »

d'articles divers, et ne point en fatiguer les oreilles du roi, il fut résolu qu'on les résumerait en deux ou trois articles principaux, comprenant tout ce qui concerne la matière en délibération, de manière à les présenter ensemble à l'assentiment du roi..... (1) »

« Nous offrons de payer au roi la même somme
« qu'à Charles VII, et telle que toutes les parties du
« royaume étaient tenues de la payer annuellement;
« à cette condition, cependant, qu'elle sera répartie
« également entre toutes les provinces, même celles
« récemment ajoutées à la couronne ou nouvelle-
« ment conquises. Cette concession durera l'espace
« de deux ans, à l'expiration desquels les Etats-Gé-
« néraux seront de nouveau convoqués... Les députés
« demandent itérativement à choisir parmi eux des
« personnes notables chargées de l'assiette et de la

(1) « Tandem ad deliberandum super prædictis singuli suas in partes recesserunt, et relata est ab unâ quâque parte variâ, et quodammodo differens conclusio ; verùm hoc à præsidente ex illis elicitum ac definitum est quòd tam numerosos et extensos articulos non expediret auribus regis et principum inculcari qui paucis verbis gaudent, et satiantur ; idcircò rejiciendi sunt, sed aptè componerentur duo aut tres articuli qui in summâ et compendio complectantur omnem hujus justitiæ circumstantiam et directionem, quique contineant quod super his quædam particularia à nobis erunt scripta, quæ cum rege annuente, cancellario et assessoribus ejus possent alias communicari, unâ que definiri. » (MASSELIN , f. 46.)

« répartition dudit impôt, et qui, de concert avec
« les directeurs des finances, règlent la formation
« la plus convenable des commissions destinées à la
« levée des deniers, et prescrivent le mode de per-
« ception le plus économique et le moins préjudi-
« ciable au peuple... Les Etats insistent sur la né-
« cessité de les convoquer dans deux ans, d'indi-
« quer d'avance le lieu de leur réunion, et d'arrêter,
« par un réglement invariable, le lieu et l'époque
« de leur convocation.

« Les députés n'entendent pas qu'aucune autre
« somme puisse être imposée, sans une convocation
« nouvelle des Etats-Généraux et leur exprès con-
« sentement, sous la réserve des libertés et des pri-
« viléges de chaque province; et ils demandent que
« les innovations dangereuses, que les introductions
« d'abus crians, et les pétitions pernicieuses qui na-
« guère ont eu cours, soient réprimées, et qu'elles
« reçoivent une réprobation solennelle et exem-
« plaire (1). »

(1) « **Offerimus** solvere regiæ majestati eam summam quam
Carolo septimo simul universæ regni partes annuatim pendere
solitæ erant ; hoc tamen pacto ut æqualiter per omnes provin-
cias, etiam noviter coronæ junctas, vel alias conquisitas, divi-
datur ; hâ concessione usque ad biennium tantùm duraturâ,
quo regni status generales rursùs congregabuntur..... et iterùm orant dicti legati ut ex suo gremio committere possint
notabiles personas quæ adsint interpositioni et partitioni dicta-
rum summarum, quique cum dominis financiarum deliberant

En réponse, le chancelier, en acceptant la concession des États, s'excusa sur la chaleur de la discussion pour avoir peut-être, dans le débat précédent, *exagéré en quelque sorte les droits de la couronne* (1).

§ IX.

Aux États-Généraux seuls, c'est-à-dire à la nation entière, appartient le droit de pourvoir à la régence, d'en composer le conseil, de régler ses attributions, et de disposer de la couronne en cas d'extinction de la famille régnante, ou d'indécision sur l'héritier de la couronne, ou de vacance du trône.

Les maximes précédemment établies ont déjà démontré la vérité de ce principe fondamental de notre droit public ; des monumens authentiques et d'un grand poids vont achever de le mettre dans tout son jour.

et concludant modum aptiorem quo commissiones horum denariorum levandorum fiant, formamque pensent uti hi denarii colligantur ad sublevationem populi et minorem jacturam.... et instant dicti legati ut ad duos annos status iterùm congregentur, et ut regi placeat nunc locum assignare et definire tempus decreto firmo et irrevocabili. Non enim intelligunt dicti legati quòd aliqui denarii de cœtero imponantur nisi vocentur, et expressè consentient servatis etiam cujusque regionis libertatibus et privilegiis ; orantque nefarias introductiones et novitates graves omnibus atque perniciosas petitiones quæ nuper cursum habuerunt emendari, et ut reparationem solemnem et exemplarem, ut ità dicam, recipiant. » (MASSELIN, f. 159.)

(1) Masselin, f. 159, 160.

Lorsque cette question fut agitée aux Etats-Généraux de 1484, l'objet de la discussion avait été fixé d'avance dans les lettres de convocation, et le mandat des diverses nations avait été donné à leurs députés sur ce point si grave. Les opinions furent partagées. Les uns soutinrent que la nation, pendant la minorité du roi, se trouvait dépositaire de l'autorité suprême, et avait le droit de commander à tous ses membres, et qu'ainsi il fallait forcer, s'il en était besoin, les princes à se soumettre au réglement qui, en laissant la personne du roi dans les mains qui avaient si sagement dirigé son enfance, ajoutait au conseil, composé des princes du sang et de douze des anciens conseillers, douze, quinze ou vingt nouveaux conseillers tirés du corps des Etats, et à la nomination de la nation. D'autres, au contraire, prétendirent que dans un royaume héréditaire, tel qu'était celui de France, la nation n'avait aucun droit à l'autorité, tant qu'il restait des héritiers légitimes; qu'après la mort du roi, cette autorité passait toute entière dans les mains de son fils, s'il était en état de l'exercer; et en cas de minorité, en celle des princes du sang, ses tuteurs naturels; qu'eux seuls avaient droit de former un conseil et de régler toutes les branches de l'administration, et qu'ils n'étaient obligés de prendre l'avis du peuple que par rapport à la répartition et à la levée des impôts.

Toutes les raisons pour et contre furent discutées

avec une rare profondeur et une mâle éloquence par le seigneur de la Roche, député de la noblesse de Bourgogne. Nous croyons devoir donner ici le texte entier de son discours, comme l'un des plus beaux monumens de l'esprit de liberté de nos pères et de nos traditions politiques.

« Si je n'étais convaincu, dit-il, que la plus grande partie de cette assemblée est animée du désir sincère de faire prévaloir et de maintenir la puissance et la liberté des Etats-Généraux, je ne prendrais point la parole ; ce serait entreprendre une chose vaine que de vouloir changer l'opinion générale (1). Mais comme vous avez fait preuve, par vos précédentes résolutions, de probité et d'indépendance, je ne crois pas inutile de rappeler ici quelques principes touchant l'autorité et la liberté des Etats-Généraux ; principes qui ont été professés par les plus grands hommes et les plus sages, et que je tiens d'eux comme une tradition sacrée. J'espère ainsi ramener à des dispositions plus fermes ceux des députés qui tremblent si fort d'élire eux - mêmes les membres du conseil, et qui s'en défendent comme d'un feu dévorant ou d'un grave péril.

« Et avant d'entrer en matière, je réfuterai d'abord l'opinion de ceux qui pensent que la tutelle du roi et la régence du royaume appartiennent de droit aux princes du sang. Les déférera-t-on au prince

____

(1) Masselin, f. 66, 67 et suiv.

le plus voisin du trône ? Non, disent-ils, parce qu'il serait périlleux de confier la garde d'un tel pupille à celui qui doit immédiatement lui succéder. Les déférera-t-on au second degré ? Mais délivrerez-vous ainsi le royal enfant des machinations de l'intrigue et des plus grands dangers ?

« Où avez-vous vu d'ailleurs un tel ordre de tutelle ? Qui l'a établi ? Qui a rendu la loi ? Vous n'en trouverez de trace nulle part.

« Que l'on n'objecte point que Charles V a eu la régence du royaume : il n'y avait point alors de vacance du trône ; mais ce fut deux ans après la captivité de son père, et en vertu de la décision des Etats-Généraux, qu'elle lui fut déférée.

« Il en est d'autres qui veulent que le gouvernement soit confié à tous les princes qui sont unis par le sang à la famille royale, même par les femmes... Mais quelle confusion ! quelle source d'inévitables discordes !

« Que si l'on se borne aux princes issus par les mâles de la famille royale, d'autres espèrent que l'union sera complète.

« Illusion ! chimère ! Il faudrait un miracle pour que la concorde régnât parmi eux, s'il est vrai, comme le dit Cicéron, que là où plusieurs ne peuvent exceller, éclate presque toujours un si grand esprit de contention, qu'il est extrêmement difficile de maintenir en paix la société politique. S'il règne aujourd'hui parmi nos princes de l'union et un noble concours de zèle et d'efforts pour le bien public, c'est à leur caractère seul qu'il faut l'attribuer : mais le vice de l'institution resterait ; car tous les princes ne seront pas également bons et sages.

« Il est donc indispensable de décider ce point important d'après les principes et les règles de notre antique constitution.

« Ces règles, fidèlement observées, font régner la paix dans le gouvernement, dans les esprits, dans les cœurs ; elles préviennent toute mauvaise pensée, elles étouffent toute ambition.

« Que si l'on voulait que la régence appartînt aux princes du sang, et que la question vînt à s'élever auquel d'entre eux appartiendrait l'administration du royaume, qui ne voit que cette question serait décidée non par les conseils et les raisonnemens, mais par les armes ?.....

« Or, je vous le demande, qui ne sera pas disposé à regarder comme un téméraire usurpateur du pouvoir, comme un perturbateur de la paix publique, et un tyran digne d'être flétri par les lois, celui qui, sans prendre l'avis de la nation, s'emparerait, sous un prétexte quelconque, du gouvernement, qui ne lui serait point déféré par un droit manifeste et incontestable ?

« La chose publique, dira-t-on, restera donc sans gouvernant, et livrée aux passions de tous ? En aucune façon : mais la question sera immédiatement déférée à l'examen des États-Généraux, non pour rester maîtres eux-mêmes du gouvernement, mais pour y préposer les plus dignes.

« S'il est vrai que les princes ne gouvernent point pour leur utilité propre, mais que leur premier devoir est une abnégation complète, qui tourne au profit de la chose publique, ceux qui agissent autrement sont assurément des tyrans, et non des pasteurs; des loups ravissans plutôt que les conducteurs de leurs troupeaux....

« Il importe extrêmement au peuple quelle loi ou quel prince le gouverne....

« N'avez-vous pas lu mille fois que la chose publique est la chose du peuple; si c'est sa chose, comment peut-il la négliger? ou ne pas s'enquérir de ceux qui la gouvernent?

« Sans doute on doit être soumis à la volonté du prince qui, en vertu de son âge et de la loi fondamentale, gouverne l'État. Mais, dans le cas proposé, le roi ne peut, à raison de sa minorité, prendre le gouvernement ni en disposer.

Il faut donc que le gouvernement et le droit d'en disposer retournent au peuple, puisque c'est sa chose, non à un prince, ou à une partie du peuple, mais à tous les Français; puisqu'en dernière analyse une longue vacance ou une mauvaise régence tourne au détriment de lui seul.

« Je n'entends point dire *que le droit de régner ou la propriété de la suprême puissance passe à d'autres personnes qu'à celle du roi*, mais que la régence seulement et l'administration du royaume ne sont point sa propriété, et qu'elles appartiennent temporairement au peuple ou à ceux qu'il a élus.

Or, par *peuple* je n'entends pas seulement le menu-peuple ou les autres sujets de ce royaume, *mais tous les Français, de quelque état, de quelque rang qu'ils soient;* de telle sorte que sous la dénomination d'États - Généraux *je comprends les princes eux-mêmes, tous ceux qui habitent le royaume; les princes, en effet, sont compris dans la noblesse; ils en sont les membres les plus distingués.*

« Puisque vous êtes les députés et les mandataires de tous les États, et, en cette qualité, les dépositaires et les organes de la volonté de tous, pourquoi craignez-vous de pourvoir par vous-mêmes à la vacance du gouvernement, à raison de la minorité du roi?

« Votre mission ne résulte-t-elle pas des lettres-patentes mêmes qui vous ont appelés, du discours du chancelier, de l'assentiment du roi et des princes?.. C'est une grande erreur, en effet, de croire que nous n'avons été convoqués que pour voter des impôts!.... Je ne parle pas de beaucoup de provinces que l'on n'a point coutume de convoquer pour cet objet. La base de cette convocation, l'expérience, les usages consacrés de temps immémorial, prouvent que nous avons bien d'autres choses à traiter et à terminer ici.

« Mais l'on objectera peut-être que, dès l'avènement au trône de Charles VIII, un conseil, composé
des princes, s'est trouvé institué, le gouvernement
organisé, que tout a été prévu, et qu'il n'est plus
besoin de nos résolutions.

« A cela je répondrai qu'il a bien fallu régler
les choses provisoirement, et, comme la convocation
des Etats-Généraux et leur assemblée ne pouvaient
avoir lieu sur le champ, on doit rendre grâce à ceux
qui, en attendant une décision légale et régulière,
ont ainsi pourvu à la bonne administration de la
chose publique.

« Mais aujourd'hui que les Etats sont assemblés,
leur consentement est nécessaire pour confirmer ce
qui a été fait, et pourvoir à l'avenir. Les actes consommés auront ainsi la force qui leur manque; *car
rien ne peut subsister d'une manière régulière et
inviolable sans la volonté des Etats-Généraux.*

« Ce n'est pas une chose nouvelle que ce *congrès*
des Etats-Généraux; ce n'est pas une chose insolite
de leur voir prendre en main l'administration de la
chose publique vacante, de la confier à des hommes
sages, tirés de leur sein, ou de désigner des princes
du sang royal, pourvu qu'ils possèdent les qualités et
les vertus requises....

Lorsque Philippe de Valois et Édouard III, roi
d'Angleterre, se disputaient la couronne, par la
voie des armes, ces princes, mieux avisés, convin-
rent, comme ils le devaient, d'après le droit du

royaume, de déférer cette grande question au jugement des Etats-Généraux, qui prononcèrent en faveur de Philippe.

« Que si l'on a eu recours aux Etats-Généraux pour une chose aussi grave, pourquoi nierait-on leur autorité pour la disposition de la régence, qui est beaucoup moins importante?...

« Lorsque le roi Jean fut fait prisonnier par les Anglais, ne sont-ce pas les Etats-Généraux qui réglèrent l'administration et la police du royaume, et qui déléguèrent tous les pouvoirs nécessaires? Et bien que Charles V, son fils, eût déjà atteint sa vingtième année, fut-il de plein droit saisi de la régence? Non; elle ne lui fut confiée que deux ans après, par les États-Généraux, convoqués à Paris.

« Mais n'avons-nous pas un exemple récent sous les yeux? Lorsque Charles VI, à peine âgé de douze ans, succéda à son père, ne sont-ce pas les Etats-Généraux qui pourvurent à l'administration et au gouvernement du royaume?

« Si des monumens aussi authentiques rendent incontestable l'autorité des Etats-Généraux, si des raisons aussi fortes l'appuient, pourquoi hésitez-vous à disposer du conseil de la régence, à l'organiser, à en nommer les membres, à régler ses pouvoirs, et à mettre toute votre application et tous vos efforts, puisque la puissance et le bien de l'Etat en dépendent? Qui tient ainsi vos têtes penchées vers la terre, vos volontés captives, vos langues muettes?

N'êtes-vous pas convoqués en vertu des lois fondamentales du royaume, pour parler librement et pour
manifester vos vœux sur tout ce qui a rapport au bien
de l'Etat, sous la seule inspiration de Dieu et de votre
conscience ? Pourquoi donc négligeriez-vous de pourvoir vous-mêmes à une institution qui est le fonde-
ment et la source de toutes les autres, et sans laquelle
vos conseils, vos résolutions et vos demandes reste-
raient sans effet ?......

« Mais, direz-vous, si nous jugeons indignes de la
charge de gouverner les noms désignés au décès du
feu roi, et qui ont été publiés depuis, voudrons-nous
résister à la volonté du roi et des princes du royaume ?
Nos efforts seraient vains, et ce serait en pure perte
nous exposer à leur haine.....

« Ainsi, il n'y aurait d'autre obstacle à la conclu-
sion d'une affaire si grave, si digne de la nation, que
votre lâcheté !! car c'est la seule raison qui arrête vos
esprits, et qui fait que vous seriez indignes d'une si
grande et si glorieuse mission....

« Reprenez donc confiance en vous mêmes, soyez
soutenus par cette grande et ferme espérance, par
cette énergie d'indépendance, et par cette inébranlable vertu qui ne doivent jamais abandonner de
dignes représentans de la nation, et qui doivent les
élever au-dessus de toutes les considérations et de
tous les périls ; ne permettez pas que cette liberté
des Etats-Généraux dont vos pères ont si puissamment défendu l'inviolable dépôt, périsse par votre

mollesse ; ne vous montrez point inférieurs à eux, et ne souffrez pas que la postérité vous accuse d'avoir mal usé, dans l'intérêt de la France, du pouvoir qui vous appartient, et d'avoir préféré un opprobre éternel à la gloire qui était réservée à vos travaux. »

Ce discours fut accueilli avec une grande faveur, et écouté avec la plus profonde attention.

On ne répondit point à l'argument tiré des précédens, par lesquels il était avéré que les Etats-Généraux avaient disposé de la régence, réglé le conseil d'administration publique pendant la minorité des rois, et disposé de la couronne en cas de vacance ou de contestation.

Mais si la fermeté des Etats-Généraux de 1484 ne fut point à la hauteur de ces maximes incontestables, elles n'en prévalurent pas moins dans la suite.

Elles procurèrent, comme nous l'avons dit, à Catherine, aux Etats-Généraux de 1560, l'exercice de toute l'autorité d'une véritable régente, sous le double titre de tutrice du roi mineur et de présidente du conseil, et confirmèrent sous ce rapport, en la modifiant, l'ordonnance de Charles VI, de 1407.

Elles furent produites comme axiômes aux Etats de la Ligue. Cette *sainte-union* même, qui fut le principe et l'aliment de cette ligue, ne put paralyser l'influence de ces maximes salutaires ; elles annulèrent l'effet de la bulle lancée par le pape Sixte-Quint contre Henri de Béarn, et déconcertèrent les efforts des Guise pour faire repousser la légitimité de ce prince et prévaloir les maximes ultramontaines ; elles soutinrent et enflammèrent l'éloquence des grands magistrats qui, dans cette circonstance, prirent la défense de la légitimité et de l'indépendance de la couronne. Enfin, dans le foyer même de la Ligue, le principe de la légitimité triompha de toutes les combinaisons des ducs de Guise et de Mayenne, par l'organe des chefs du parlement de Paris. Rendons cette éclatante justice aux parlemens de France, que ce fut leur inébranlable fermeté qui fit abandonner aux factieux la question de l'élection de l'Infante.

Si la régence, après la mort de Louis XIV, fut déférée au duc d'Orléans par un acte du parlement, cet acte ne fut que le prix de la restitution que ce prince avait promise au parlement du droit de remontrances. Mais le principe de la réversibilité de la couronne à la nation, au défaut d'héritier mâle dans la famille royale, reçut une sanction éclatante de tous les membres de la maison de Bourbon en 1717, et d'un édit de Louis XV sur la succession à la couronne. C'était reconnaître implicitement et *à fortiori* à la nation le droit de disposer de la régence, et de pourvoir à l'administration du royaume pendant la minorité du roi.

Ecoutons encore M. Rœderer, dans son *Esprit de la révolution de* 1789 : « Le droit de ne payer que « des contributions consenties, le droit d'être jugé par « des juges indépendans, ont toujours été de droit « public en France. La reversibilité de la cou-

« RONNE, AU DÉFAUT D'HÉRITIER MALE DANS LA FA-
« MILLE ROYALE, A TOUJOURS ÉTÉ REGARDÉE COMME
« INCONTESTABLE. DE PLUS, ELLE A ÉTÉ SOLENNEL-
« LEMENT RECONNUE, EN 1717, PAR TOUS LES MEM-
« BRES DE LA MAISON DE BOURBON INDIVIDUELLEMENT,
« ET CONSACRÉE PAR UNE LOI REVÊTUE DE FORMALI-
« TÉS ALORS LÉGALES..... Elle l'a été au couronnement
« de Charles X, dans un mandement de l'archevêque
« de Reims, qui rapporte les droits de la dynastie,
« non au DROIT DIVIN, ni à l'ONCTION SAINTE, mais
« à la loi de l'Etat, qui a fixé la succession au trône
« de France.....

« On peut dire sans blasphême et sans sacrilège,
« continue M. Rœderer, sans professer une doctrine
« subversive de la monarchie, et sans approuver le
« moins du monde la mise en jugement d'un mo-
« narque constitué, que la souveraineté appartient à
« la nation, et qu'elle est inaliénable, pourvu que
« l'on ajoute et que l'on sous-entende : 1° que l'exer-
« cice peut en être délégué par la nation, avec cer-
« taines réserves et sous certaines conditions, à une
« famille privilégiée, à charge de reversion, en cas
« d'extinction de cette famille ; 2° QUE TANT QUE
« DURERA CETTE FAMILLE LA DÉLÉGATION SERA IR-
« RÉVOCABLE ET LE MONARQUE INVIOLABLE. Cette
« doctrine est plus conservatrice de la monarchie
« que toute autre. On a dit, écrit, imprimé que les
« rois de France n'étaient qu'usufruitiers de la cou-
« ronne ; ce qui voulait dire qu'elle appartenait à la

« famille, tant que la famille durerait ; et que la
« famille venant à s'éteindre, la couronne revien-
« drait à la nation. »

Ces principes admis, il suit des maximes précédentes, non moins incontestables : 1° que c'est la
nation entière, c'est-à-dire l'universalité des citoyens
actifs, qui seule peut disposer de la régence et de la
couronne dans les cas sus-énoncés ; 2° qu'une ordonnance de convocation doit indiquer aux Etats-Généraux cette question fondamentale à résoudre ; 3° qu'un
mandat *ad hoc* doit être donné aux députés des différentes provinces, par tous les Français inscrits au
rôle de contributions directes, afin que ces députés ne
soient que les organes fidèles de la volonté de leurs
commettans ; 4° que toute délibération à cet égard,
de la part de députés qui n'auraient reçu aucun mandat exprès et spécial, aux fins de disposer de la couronne, mais qui auraient reçu, au contraire, celui de
maintenir inviolable la loi de succession au trône,
serait une illégalité monstrueuse, et radicalement
nulle ; 5° qu'elle le serait à plus forte raison, s'il n'y
avait point de vacance, et s'il existait un héritier du
trône dans l'ordre tracé par la loi salique ; 6° qu'aucune nécessité ne peut être invoquée pour justifier
une pareille usurpation, et ce mépris manifeste des
lois fondamentales et des droits nationaux ; que cette
nécessité, en supposant qu'elle ait existé, n'aurait
imprimé au gouvernement de fait que le *caractère
d'une institution provisoire,* dont les actes, en ce

qui touche les lois civiles et criminelles, l'administration de la justice, et les réglemens civils et militaires, devraient être maintenus et respectés, mais qui
n'auraient aucune validité en ce qui touche l'ordre
politique; 7° que la nation conserverait le droit de
forcer ce gouvernement de fait à rentrer dans l'ordre
fondamental de la monarchie, puisqu'elle n'a point
renoncé, ET QU'ELLE N'A PU RENONCER à la loi de
succession à la couronne.

A ces axiômes on ne peut opposer que le *droit de
la force, de l'adresse et du sophisme;* mais l'on
doit renoncer dès lors à parler de l'empire des lois,
de l'ordre légal et constitutionnel, de droits légitimes, et se résigner à toutes les conséquences désas-
treuses d'un tel exemple donné aux peuples, de la
violation de leurs droits.

§ X.

Résumé des maximes de droit public, consacrées par les États-Généraux.

Ainsi l'initiative, l'indépendance et la sanction
royale, l'initiative et l'indépendance des Etats-Généraux, l'universalité du droit de suffrage, l'inséparabilité respective de la loi fondamentale d'hérédité
ou de la légitimité et de la volonté nationale, le
concours indivisible de la royauté et de la nation dans
l'exercice du pouvoir législatif, et les règlemens d'administration publique, la nécessité du consentement

de la nation pour l'établissement des impôts, la spécialité des impositions et des dépenses, l'inamovibilité de la magistrature, et l'élection, après examen
préalable, des candidats aux places de judicature
vacantes, le droit exclusif de la nation de disposer
de la couronne vacante, en cas d'extinction des héritiers mâles dans la famille royale, et de pourvoir à
la régence ; la spécialité et la limitation du mandat
des députés ; la perfection, en un mot, des principes
qui constituent un gouvernement véritablement représentatif, se trouvent solennellement consacrés par
les monumens incontestables de notre histoire.

La méditation des remontrances et des actes des
Etats-Généraux ; la maturité de ces résolutions, qui
avaient subi l'influence du vœu populaire, de la discussion des cahiers particuliers des électeurs, et de
celle des cahiers des députés aux Etats-Généraux ;
cette spécialité qui en était la base, ces vues positives
et toutes pratiques, cette épuration de la pensée publique, retrempée pour ainsi dire par une triple
épreuve, forment la réfutation la plus complète de
ce mandat général et indéfini, âme de nos assemblées modernes, qui a enfanté tant d'incohérences
législatives et administratives, et causé tant de désastres ; et elles établissent en même temps que le
gouvernement des Etats-Généraux est de tous le
plus populaire, le plus profondément national, et le
véritable gouvernement de la France.

CHAPITRE III.

CES MAXIMES SOUTINRENT LE GOUVERNEMENT DE LOUIS XIV, ET LA NÉCESSITÉ DES ÉTATS-GÉNÉRAUX ET PROVINCIAUX RESTA GRAVÉE DANS LES TÊTES PENSANTES.

Malheureusement, cette Constitution resta inactive sous les règnes qui suivirent. La monarchie absolue succéda à la meilleure des républiques; car c'était bien une république parfaite que ce gouvernement des Etats-Généraux, si l'on entend par république la chose du peuple perfectionnée et garantie. La royauté agissait par la nation, et la nation par la royauté. L'intérêt général sortait de la collection et de la balance des intérêts spéciaux; et comme, dans une république où règne la vertu, ce qui ne s'accorde pas avec l'intérêt général est sacrifié, de même, dans l'expression des vœux populaires, on ne faisait figurer que ce qui résultait de la combinaison des cahiers des Etats provinciaux.

Mais cette monarchie absolue, en ce sens que l'universalité des citoyens cessa d'être consultée, était néanmoins tempérée par les lois fondamentales réputées inviolables; on vécut sur le fonds du passé, et les principes posés par tant d'assemblées mémorables survécurent à ces assemblées. Louis XIV mit sa gloire et sa puissance dans la confection d'ordonnances immortelles, et dans le règne des lois. Il est curieux de remarquer que ce monarque se montra plus libéral dans ce que l'homme a de plus cher, la liberté individuelle, que tous nos philantropes modernes.

En effet, une disposition de l'ordonnance de 1670 voulait que le citoyen injustement accusé, injustement détenu, pût, après son acquittement, actionner en dommages et intérêts non seulement son dénonciateur, mais encore le ministère public qui l'avait poursuivi sans preuves suffisantes (1).

(1) Art. 7 du tit. III de l'ordonnance criminelle du mois d'août 1670 : « Les *accusateurs et dénonciateurs qui se trouveront mal fondés, seront condamnés aux dépens, dommages et intérêts des accusés, et à plus grandes peines, si le cas y échéait;* ce qui aura lieu à l'égard de *ceux qui ne se seront rendus parties,* ou qui s'étant rendus parties, se seront désistés, si leurs plaintes sont jugées calomnieuses. » Le commentateur met en note : Les procureurs du roi ou fiscaux, dans le cas d'accusation calomnieuse, sont tenus, comme les autres, des dommages et intérêts envers les parties accusées...... C'est en conséquence de cette action contre les procureurs du roi ou fiscaux, que l'accusé peut, après le procès jugé en sa faveur, les obliger de nommer leur dénonciateur, suivant l'article 73 de l'ordonnance d'Orléans, et que, faute de ce faire, ils sont tenus des dommages et intérêts des parties. Plusieurs arrêts les y ont condamnés en pareil cas, entre autres un du 5 mars 1604, rapporté par le Prestre, cent. 1, chap. 3; et un autre du 28

Le titre 6 de cette ordonnance prescrivait au magistrat l'obligation de faire tout ensemble l'information à charge et à décharge (art. 10)(1).

Le titre 13 imposait aux geôliers en chef de chaque prison le devoir de visiter chaque jour au moins les prisonniers, afin de s'informer de leur santé, de leurs sujets de plaintes, de leurs besoins, et d'en faire un rapport circonstancié (2).

avril 1606. *Journal des audiences*, tom. 1. (*Voyez* BOUVOT, quest. notab., v° *instigant*, quest. 1ʳᵉ; et BOUCHEL, v° *dénonciateur.*)

(1) Art. 10 du tit. vi. « La disposition de chacun témoin sera « rédigée à charge et à décharge, » c'est-à-dire, dit le commentateur, qu'un juge doit, en faisant rédiger la déposition du témoin, avoir autant d'attention aux faits qui peuvent servir à la justification de l'accusé, qu'à ceux qui peuvent servir à sa conviction. Il y a même plus d'injustice à supprimer un fait qui peut aller à la décharge d'un accusé, qu'à supprimer ceux qui peuvent servir à sa conviction, parce qu'il y a plus d'inconvéniens à faire périr un innocent, qu'à sauver un coupable.

(2) Art. 1ᵉʳ du tit. xiii : « Voulons que les prisons soient sûres et disposées en sorte que la santé des prisonniers *n'en puisse être incommodée.* »

Art. 21 : « Enjoignons aux geôliers et guichetiers de *visiter* les prisonniers enfermés dans les cachots, au moins une fois chacun jour, et de donner avis à nos procureurs et à ceux des seigneurs de ceux qui seront malades, pour être visités par les médecins et chirurgiens ordinaires des prisons, s'il y en a, sinon, par ceux qui seront nommés par le juge, pour être, s'il est besoin, transférés dans les chambres.....»

Le titre 14 obligeait le juge ordinaire à interroger dans les vingt-quatre heures le citoyen arrêté; et à défaut du juge ordinaire, le premier juge venu était tenu de procéder à cet interrogatoire; et l'un et l'autre étaient passibles de dommages et intérêts, s'il y avait de leur faute dans le retard (1).

L'état de la Constitution politique de la France, à cette époque, ne fut donc point l'œuvre de la volonté de Louis XIV; elle avait été, en quelque sorte, façonnée à cette centralisation par les révolutions précédentes, qui avaient détruit les grandes existences locales pour les appeler à la cour, par le jeu des partis, qui, dès sa minorité, préludaient par les guerres de la Fronde à de plus sérieux projets de bouleversement, et par l'éclat prodigieux que répandait sur toute la France le génie des lois, des lettres et des arts, qui brillait à la cour. Louis XIV, dont l'enfance avait été si cruellement agitée, exilée de sa capitale, devait naturellement avoir des préventions contre les assemblées populaires. Sa grandeur personnelle et la gloire qu'il procura à la France surent sinon racheter, du moins

(1) Art. 1ᵉʳ du tit. xiv : « Les prisonniers *pour crimes seront interrogés incessamment*, et les interrogatoires commencés au plus tard *dans les vingt-quatre heures après leur emprisonnement*, à peine de tous dépens, dommages et intérêts contre le juge qui doit faire l'interrogation, et à faute par lui d'y satisfaire, il sera procédé par un autre officier, suivant l'ordre du tableau. »

faire oublier ce vice des choses. Si, après la paix de Nimègue, il se fût reposé, au faîte de sa puissance, dans le sein des communications populaires; s'il eût associé les Etats-Généraux et les Etats-Provinciaux à ses vues de grandeur et de félicité pour la France, il se fût épargné de grandes fautes; et au lieu d'un déficit et des revers qui marquèrent la fin de son règne, il eût coulé une vieillesse prospère au milieu des bénédictions de son peuple.

Mais ces idées des Etats-Généraux et provinciaux n'étaient point effacées; elles fermentaient dans les têtes pensantes. Le précepteur du duc de Bourgogne, qui était appelé à faire succéder à un règne de gloire une ère de sagesse, de paix et d'abondance, l'archevêque de Cambrai, Fénélon, avait fait des Etats-Généraux et provinciaux la base du plan de gouvernement que son auguste élève devait un jour mettre en pratique. Il importe à mon sujet que ce plan soit connu; je le rapporte ici d'après l'historien de la *Vie de Fénélon* lui-même, M. de Beausset:

« Fénélon crut devoir s'occuper à tracer au duc
« de Bourgogne un plan général de gouvernement.
« Nous avons l'esquisse de ce plan, tracé de la main
« de Fénélon. Il embrasse toutes les branches du
« gouvernement et toutes les branches de l'adminis-
« tration. Toutes les parties de son système politique
« étaient si bien liées entre elles, qu'il jugea suffi-
« sant d'en former un tableau général, pour qu'on
« pût saisir d'un coup-d'œil ses principes, leurs rap-

« ports entre eux, et la facilité d'en faire l'appli-
« cation.

« Fénélon demande que l'on établisse dans toutes
« les provinces des *Etats provinciaux* sur le même
« modèle que ceux du Languedoc, et il met en
« note : « *On n'y est pas moins soumis qu'ailleurs,*
« ON Y EST MOINS ÉPUISÉ. » Les Etats de chaque pro-
« vince eussent été chargés de lever eux-mêmes sur
« les contribuables, sous la forme qui leur aurait
« paru la moins onéreuse, la portion des charges
« publiques qui leur aurait été assignée.

« Fénélon propose formellement l'établissement
« des Etats-Généraux, qui devaient s'assembler tous
« les trois ans. « Il ne paraît pas douteux, dit-il, que
« s'ils étaient organisés dans les véritables principes
« de la monarchie, *ils ne fussent aussi soumis et*
« *aussi affectionnés que ceux du Languedoc, de*
« *la Bretagne, de la Bourgogne, de la Provence*
« *et de l'Artois.* » Il règle leur composition ; il dé-
« termine leurs rapports avec les *Etats provinciaux,*
« et il fixe leurs attributions sur différens objets de
« l'administration publique.

« Voici les tables de quelques-uns des Mémoires
« politiques de Fénélon :

ÉTATS-GÉNÉRAUX (novembre 1711.)

« Pour s'assembler tous les trois ans en une ville fixe, à
« moins que le roi n'en propose quelqu'autre.

« Pour continuer les délibérations aussi long-temps qu'ils le

« jugeront nécessaire. Pour étendre leurs délibérations sur
« toutes les matières de justice, de police, de finance, de
« guerre, d'alliance et négociation de paix, d'agriculture, de
« commerce, etc.

« Election libre, nulle recommandation du roi. Nul député
« ne recevra avancement du roi avant trois ans après sa dépu-
« tation finie.

« Correction des choses faites par les Etats des provinces,
« sur les plaintes et preuves.

« Révision générale des comptes des Etats particuliers, pour
« fonds et charges ordinaires.

« Délibération pour les fonds à lever par rapport aux charges
» extraordinaires.

« Entreprise de guerre contre les voisins, de navigation pour
« le commerce, de correction des abus naissans.

COUR.

« Retranchement de toutes les pensions de cour.
« Exclusion de toutes les femmes inutiles.
« Lois somptuaires comme les Romains.

ÉGLISE D'ÉTAT.

« *Puissance temporelle*. — Autorité coactive pour faire vivre
« les hommes en société avec subordination, justice et honnê-
« teté de mœurs.

« *Puissance spirituelle*. — Autorité non coactive pour ensei-
« gner la foi, administrer les sacremens, faire pratiquer les
« vérités évangéliques par persuasion, pour le salut éternel.

« La temporelle vient de la communauté des hommes u'on
« nomme *nation*.

« La spirituelle vient de Dieu, par la mission de son fon-
« dateur et des apôtres.

« Le prince est maître pour le temporel, comme s'il n'y
« avait point d'église ; l'église est maîtresse pour le spirituel,
« comme s'il n'y avait point de prince.

« Rome a usé autrefois d'un pouvoir arbitraire qui trou-
« blait l'ordre des églises particulières par les expectatives, par
« les appellations frivoles, par les taxes odieuses, par les dis-
« penses abusives.

« Abus de ne souffrir les conciles provinciaux ; les nationaux
« dangereux.

« Liberté de l'Eglise gallicane sur le temporel ; liberté pleine
« pour le pur temporel à l'égard du pape ; pour le roi et les
« peuples, pour le clergé même. Droit du roi pour rejeter les
« bulles qui usurperaient le temporel.

« Point de guerre générale avec l'Europe. »

Tel était le plan de Fénélon ; et l'exécution de
ce plan devait être l'ouvrage d'un prince qui allait
monter sur le trône dans toute la force et la maturité de l'âge. Trois mois s'étaient à peine écoulés depuis la rédaction de ces plans de gouvernement,
lorsqu'une maladie terrible enleva le duc et la du-
chesse de Bourgogne, et le duc de Bretagne leur fils aîné.

Mais ces idées avaient germé dans la nation. L'o-
pinion publique s'était prononcée avec force, quelques années avant la révolution, pour l'établissement
des Etats provinciaux ; et les Etats du Languedoc,
source d'une administration parfaite et d'une prospérité qui frappait tous les regards, étaient indiqués
comme modèles. Malheureusement pour la France,
la spécialité du mandat fut détruite dans ces Etats-
Généraux de 1789, que Louis XVI regardait comme

l'aurore d'une prospérité nouvelle; et toute la puissance nationale anéantie. De ce moment le peuple fut souverain de nom, et esclave en réalité. On lui jeta, comme aujourd'hui, de *grands mots* pour le séduire; et à la faveur de ces flatteries, les députés se mirent à *vouloir* et à *agir pour lui.* « C'est qu'un mandat défini trompe les ambitions, et qu'un mandat indéfini ne trompe que les peuples; c'est que le mandat défini circonscrit la puissance de l'oligarchie, et que le mandat indéfini ne peut que l'étendre; c'est qu'il est beau de pouvoir dire à une nation ce qu'un Romain disait une fois aux tribus assemblées : *Taisez-vous, citoyens; je sais mieux que vous ce qui convient à la république* (1). »

Si la spécialité du mandat eût triomphé, la révolution était perdue; mais cette spécialité succomba. « De là ces partis populaires qui, sous différens noms, ont constamment disputé au peuple ses droits, et condamné ses volontés; de là cette opposition qui, dans une circonstance de lamentable mémoire, empêcha le recours au bon sens et à la justice du peuple; de là cet arbitraire qui, en 1795, perpétua la Convention légalement expirée; cet autre arbitraire qui, en 1797, cassa des élections légales; cet autre arbitraire qui, vingt ans plus tard, dans la question électorale, priva le peuple d'une faculté au moins implicitement contenue dans la Charte, celle d'élire

(1) *Gazette de France* du 5 juin 1831.

les électeurs : de là cette habitude constante d'adorer la liberté comme souveraine, et de la proscrire comme ennemie (1). »

La spécialité du mandat, dit-on, a été depuis condamnée par l'expérience. Mais on ne voit pas que cette spécialité n'a été funeste que dans la main d'électeurs privilégiés, et que ce qui est un instrument terrible de désorganisation dans une caste de cent soixante mille électeurs qui substituent leur volonté particulière à la volonté nationale, au détriment de huit millions de Français actifs, serait, au contraire, un moyen certain de réparation dans les mains de la nation elle-même progressivement représentée.

D'ailleurs, pour détruire sans retour cette objection, il nous suffit d'opposer la série de catastrophes politiques et les embarras administratifs qui n'ont cessé d'accompagner depuis le mandat illimité.

Comme en politique l'on ne juge du danger ou de la bonté d'un principe que par les faits qui en suivent l'application, le principe du mandat illimité est donc évidemment absurde et détestable, et celui de la spécialité, au contraire, est impérieusement nécessaire.

(1) *Gazette de France* du 5 juin 1831.

CHAPITRE IV.

LA NATION, SOUS LA RÉGENCE, SOUS LOUIS XV ET LOUIS XVI, VOULAIT LES ÉTATS-GÉNÉRAUX ET PROVINCIAUX TELS QUE L'HISTOIRE LES RETRAÇAIT ET QUE FÉNÉLON LES AVAIT CONÇUS; MAIS LA CORRUPTION DE LA RÉGENCE, DES SOPHISTES ET DES NOVATEURS MIT OBSTACLE A L'ACCOMPLISSEMENT DU VOEU NATIONAL.

Il importe de constater que la nation fut entièrement étrangère à ce mépris des principes de la constitution, et que ce fut malgré elle que la spécialité du mandat fut abolie.

J'en donnerai deux preuves : 1° la dégradation des hautes classes de la société, depuis la mort de Louis XIV, et la corruption du gouvernement; 2° les vœux consignés dans les cahiers des Etats-Généraux en 1789.

A la mort de Louis XIV, le duc d'Orléans, au lieu de convoquer, selon la règle, les Etats-Généraux pour pourvoir à la régence et à l'administration du royaume, intrigua auprès du parlement pour en obtenir un arrêt qui le nommait de *plano* régent du royaume, et le chargeait du gouvernement. Il flatta cette compagnie de l'espoir de ressaisir ses anciennes prérogatives, et ce premier pas décida de la ruine de la France.

Il arriva, en effet, ce qui arrivera toujours lorsque les esprits, chez un peuple, ne seront pas occupés d'idées pratiques et d'intérêts positifs : le règne des idées philosophiques et des systèmes succéda à celui de la puissance et de la gloire. Tandis que le bel esprit nourrissait les hautes classes de la nation de rêves fantastiques et de généralités vagues, et s'occupait à démolir les croyances et les principes de la constitution, l'administration déclinait à l'intérieur et à l'extérieur. Un étrange amalgame d'engouement philosophique, d'immoralité et de fatuité gouvernementale, rejetait la France au troisième rang parmi les puissances, et après l'avoir mise à la discrétion de l'Angleterre, la faisait marcher honteusement à la suite du cabinet de Vienne, assistant au crime de la ligue copartageante du nord, et aux funérailles de la Pologne. Tout devenait mode et contradiction dans les systèmes ministériels et dans les alliances diplomatiques. Un malaise violent, né de la corruption et du dévergondage universels, bien plus encore que de la réalité des maux de la France, rendit bientôt la situation insupportable. Aux véritables intérêts du pays et à ses vénérables traditions, l'on substitua des caprices, des systèmes d'idéologie, des maximes accueillies avec d'autant plus de fureur, qu'on n'en connaissait point la portée, et qu'elles flattaient la mobilité et la vanité françaises. Ce fut dans cet état de choses qu'un prince plein de candeur, dont les vertus honorèrent le trône, mais dont la faiblesse fut

si fatale à la France, voulut faire revivre la loi fondamentale de la monarchie.

Par un arrêt du conseil, du 20 juin 1788, il déclara qu'il voulait que la nation exerçât *la totalité de
ses droits.*

Par un autre arrêt du conseil, du 8 août 1788, il
déclara qu'il entendait la rétablir dans l'entier exercice de tous les droits qui lui appartenaient.

Dans sa réponse au clergé, du 20 juin même année, il renonça à demander aucun impôt sans le
consentement des États-Généraux; il protesta que
c'était à l'assemblée de la nation qu'il demanderait
des représentations et des avis sur ses projets de législation.

Il n'entendait se réserver du pouvoir que celui qui
avait toujours été dans la main du monarque (arrêt
du 20 juin 1788); il voulait que l'on ne procédât
que de la manière la plus constitutionnelle (arrêt du
conseil, du 5 octobre 1788); que la tenue des États
fût la plus régulière (arrêt du 5 juillet 1788). Il
sentait le prix inestimable du concours des sentimens et des opinions; il voulait y mettre sa force,
et seconder de sa puissance les efforts de ceux qui,
dirigés par un véritable esprit de patriotisme, seraient
dignes d'être associés à ses intentions bienfaisantes.
(Arrêt du 5 octobre 1788.)

Le parlement déclara, le 13 septembre de la même
année, qu'il était essentiel que la *volonté nationale
fût manifestée de la manière la plus authentique.*

Louis XVI, en 1789, appela *tous les Français* à participer à la nomination des députés.

Il déposa, dans sa déclaration du 23 juin 1789, tous les principes d'une liberté sage, fondée sur nos anciennes maximes, et appropriée à l'état de la civilisation.

Les bailliages, répondant à toutes les vues du monarque, avaient consigné, dans leurs cahiers, les mêmes principes et les mêmes vœux.

La nation entière, unie à son roi, s'était prononcée pour le gouvernement des Etats-Généraux et provinciaux.

Et cependant, les vœux du prince et de la nation furent dédaignés, méprisés, outragés, foulés aux pieds, par ceux-là mêmes qui en étaient les dépositaires!

Louis XVI, croyant à la probité des hommes, n'avait pas prévu que la constitution robuste des Etats-Généraux ne pouvait plus reparaître dans sa simplicité primitive; que les idées avaient remplacé les intérêts, le bel esprit les faits, la corruption les vertus patriotiques; que le moment était venu où il fallait que la France tout entière, et cet auguste prince le premier, fût la victime du crime et des illusions de l'orgueil!

A chacun sa responsabilité : il est bon que la nation sache à qui elle doit ce mépris des intentions d'un prince digne d'un sort plus heureux, et cette violation de ses droits politiques imprescriptibles. Laissons parler M. le baron Locré, ancien secrétaire-

général du conseil d'Etat de l'empire, dans sa *Législation civile et criminelle de la France.*

« Le 17 juin 1789, le tiers-état prit le fameux ar-
« rêté par lequel il déclara qu'il allait commencer,
« sous le titre d'*Assemblée nationale,* l'œuvre de
« la restauration au nom de la presque totalité de la
« nation qui l'avait envoyé.

« Des députés convoqués pour former les Etats-
« Généraux, n'ayant dès lors, comme les Etats-Gé-
« néraux précédens, d'autre mission que celle de
« porter les vœux du peuple au pied du trône, ne
« tenant leur existence que de l'autorité légale du
« roi, n'étant que ce que le roi les a faits ; ces dé-
« putés, de leur seule autorité, se donnant une exis-
« tence nouvelle, en se transformant en assemblée
« nationale ; s'arrogeant un pouvoir constituant que
« la nation ne leur avait pas donné, que depuis le
« pacte social, qui avait fondé en France une mo-
« narchie héréditaire, elle n'aurait pas pu leur don-
« ner, ne reconnaissant pour représentans de la na-
« tion que ceux qu'ils auront vérifiés, bouleversent
« les Constitutions de l'Etat, et tranchent, de leur
« autorité, les questions qui s'agitaient avec eux.
« Afin de mieux établir leur suprématie, ils ordon-
« nent que les actes de souveraineté qu'ils viennent
« de faire, au nom du peuple, soient présentés au
« roi, non pour être soumis à sa sanction, mais pour
« qu'il ait à s'y soumettre.

« A la vue de ces excès, le roi sent qu'il a eu tort

« d'oublier un moment qu'il est roi, et veut le re-
« devenir. Il suspend les séances, fait fermer la salle,
« et annonce qu'il va tenir une séance royale.

« Les députés, au lieu d'obéir, et d'attendre la
« séance indiquée à deux jours de là, se réunissent
« le 20 juin au jeu de paume. Là, ils font cet *acte*
« *fameux* par lequel, *dénaturant leurs mandats,*
« *changeant l'objet de leur convocation, raison-*
« *nant comme si le pacte social était encore à faire,*
« ils déclarent, se qualifiant d'*Assemblée nationale,*
« c'est-à-dire de nation souveraine au petit pied,
« qu'appelés à fixer la Constitution du royaume (qui
« apparemment avait subsisté pendant quatorze siè-
« cles sans pacte social), rien ne peut empêcher
« qu'ils ne continuent leurs délibérations. Ils finis-
« sent par arrêter que tous les membres de l'Assem-
« blée prêteront à l'instant serment solennel de ne
« point se séparer jusqu'à ce que la Constitution du
« royaume soit établie.

« A Dieu ne plaise que je regarde comme égale-
« ment coupables tous ceux qui ont pris part à cet
« acte de félonie! Beaucoup ont été entraînés par le
« délire du faux patriotisme, dont à cette époque les
« meilleurs esprits avaient peine à se défendre; d'au-
« tres par l'inexpérience, quelques-uns par la crainte;
« d'autres, étourdis par le bruit, n'ont pas assez ré-
« fléchi sur la nature et sur les conséquences de ce
« qu'on exigeait d'eux : les fauteurs du crime sont
« les seuls qui demeurent sans excuse. On connaît

« dès lors la coupable faction à laquelle il appartient.

« Les autres députés ne voyaient pas dans quel abîme

« ils allaient précipiter le roi, la patrie et eux-mêmes.

« Ils ont payé cher leur erreur! Ils se sont vus pros-

« crits, égorgés par la faction qui les avait égarés;

« et ces factieux se sont à leur tour envoyés les uns

« les autres sur les échafauds qu'ils avaient dressés.

« Grande leçon pour tous les artisans de révolu-

« tions! Qu'ils comptent ce qui reste des auteurs et

« des propagateurs de la nôtre, ils apprendront que

« toute révolution ne dévore pas seulement ses pro-

« pres enfans, mais encore sa mère; je veux dire la

« faction qui l'enfante. Mirabeau, à sa dernière heure,

« faisant allusion à la manière dont une populace

« déchaînée exerçait alors ses fureurs, disait à ses

« amis : *Qu'on est heureux, après avoir joui de la*

« *faveur populaire, de mourir horizontalement dans*

« *son lit!*

« Mais on ne savait pas tout cela en juin 1789,

« quoiqu'on n'ait tardé que quelques mois à l'ap-

« prendre. En fait de révolution, les vieillards de

« cette époque n'étaient que des enfans. On persista

« donc dans une révolte que d'ailleurs les chefs de

« la faction d'alors avaient grand soin d'entretenir,

« et la séance royale, qui aurait dû tout apaiser,

« n'eut d'autre effet que d'amener de nouveaux actes

« de rébellion plus audacieux que les premiers.

« Elle se tint le 23 juin.

« On lut un acte portant pour titre : *Déclara-*

« *tion des intentions du roi.* Je regrette que son
« étendue ne me permette pas de le rapporter en
« entier. Il contenait tout ce que la nation pouvait
« raisonnablement désirer, tout ce que la Charte
« nous accorde ; la nécessité du consentement de la
« nation pour l'établissement des impôts ; la fixation
« invariable des dépenses pour chaque département,
« même de celles de la maison du roi ; la publica-
« tion des comptes, la garantie de la dette publique,
« l'égalité des impôts, l'abolition de la taille et du
« droit de franc-fief, la garantie des propriétés, celle
« de la liberté personnelle ; la liberté de la presse
« conciliée avec le respect dû à la religion, aux
« mœurs et à l'honneur des citoyens. Il annonçait
« toutes les réformes, toutes les améliorations que la
« nation réclamait ; le reculement des douanes aux
« frontières, la suppression ou la conversion des im-
« pôts onéreux au peuple, la meilleure administra-
« tion possible de la justice, le perfectionnement
« des lois civiles et criminelles, l'abolition des cor-
« vées et du droit de main-morte, des adoucissemens
« dans le tirage de la milice, l'établissement d'Etats
« provinciaux électifs, et composés par moitié du
« tiers-état.

« Les lois que le roi aurait fait promulguer, d'a-
« près l'avis ou selon le vœu des Etats-Généraux,
« ne devaient point éprouver de retards ni d'obsta-
« cles à l'enregistrement. Enfin, le roi voulait « que
« toutes les dispositions d'ordre public et de bienfai-

« sance envers ses peuples, que Sa Majesté aurait
« sanctionnées par son autorité pendant la présente
« tenue des Etats-Généraux, celles entre autres re-
« latives à la liberté personnelle, à l'égalité des con-
« tributions, à l'établissement des Etats provinciaux,
« ne pussent jamais être changées sans le consente-
« ment des trois ordres pris séparément. » Sa Ma-
« jesté les plaçait à l'avance au rang des propriétés
« nationales, qu'elle voulait mettre, comme toutes
« les autres propriétés, sous la garde la plus assurée.

« Il y avait assurément dans la déclaration des
« intentions du roi, de quoi satisfaire une assem-
« blée qui n'aurait voulu que le bonheur de la na-
« tion. Le roi avait même engagé celle de 1789 à
« lui présenter toutes les vues qu'elle croirait utiles ;
« il ne lui manquait donc aucun moyen de provo-
« quer ce qui pouvait servir l'intérêt public et d'y
« coopérer.

« Mais elle voulait établir la souveraineté du peu-
« ple, et la faire prédominer sur la puissance royale.
« Elle écoute donc en silence ce que lui dit le roi,
« ne lui exprime ni son repentir, ni sa soumission,
« ni sa reconnaissance, et saisit, au contraire, cette
« occasion pour jeter le masque et proclamer ouver-
« tement que la nation exerçait dans l'Etat la sou-
« veraineté suprême, sous laquelle celle du roi de-
« vait plier.

« Le clergé et la noblesse, pour la plupart, obéi-
« rent et se retirèrent ; le tiers-état, au contraire, et

« plusieurs membres des deux autres ordres res-
« tèrent.

« Le grand-maître des cérémonies s'approcha du
« président, et lui dit qu'il avait entendu l'ordre du
« roi de se retirer; alors fut faite cette réponse in-
« solente qui retentit dans toute la France, et pro-
« clama hautement le principe de la souveraineté
« du peuple : *Allez dire à votre maître que là où*
« *la nation est assemblée, elle n'a d'ordre à rece-*
« *voir de personne.* Mirabeau, qui avait soufflé la
« réponse au président, ajouta : *Nous ne sortirons*
« *d'ici que la baïonnette dans le ventre.* Vaine bra-
« vade! mépris ridicule d'un danger qui n'existait
« pas! Ah! si le roi eût été moins bon, si ces hom-
« mes-là eussent eu affaire à Buonaparte, il n'aurait
« pas été besoin de leur mettre la baïonnette dans
« le ventre, pour les réduire à l'obéissance.

« Au 18 brumaire, cette journée que quelques-
« uns se plaisent à calomnier aujourd'hui, et qui
« pourtant a délivré la France du terrible fléau de
« l'anarchie, le conseil des Cinq-Cents avait ses Bru-
« tus. La résistance de ceux-là était du moins fon-
« dée sur une Constitution constamment violée, il
« est vrai, mais non formellement abolie : a-t-il fallu
« un grand déploiement de forces pour apaiser leur
« fureur? nullement. On a fait passer dans la salle
« une compagnie de grenadiers, tambour battant, et
« les Brutus se sont sauvés par les fenêtres, se dé-
« pouillant au plus vite, pour n'être pas reconnus,

« de leurs costumes, dont le lendemain on a trouvé
« les pièces éparses dans le parc de Saint-Cloud.

« Mais les factieux de 1789 savaient bien qu'ils
« n'avaient rien de pareil à craindre. Après donc
« que le grand-maître des cérémonies leur eut dit
« qu'il allait rendre compte de leur réponse au roi,
« ils se mirent tranquillement à délibérer, et con-
« sommèrent leur révolte par la déclaration qu'*ils*
« *persistaient dans leurs précédens arrêtés.* »

CHAPITRE V.

C'EST A L'ABSENCE DES ÉTATS-GÉNÉRAUX QUE DOIT ÊTRE ATTRIBUÉE
LA COURTE PÉRIODE DE VITALITÉ RÉSERVÉE A LA RÉPUBLIQUE, A
L'EMPIRE ET A LA RESTAURATION, ET L'IMPOSSIBILITÉ DE VIVRE
DU GOUVERNEMENT DU 7 AOUT 1830.

On a remarqué que les gouvernemens qui se sont
succédé en France depuis la révolution, se sont par-
tagé, par portions égales, ce laps de quarante années;
que la violence a fait périr la république et le directoire; que la violence a renversé le gouvernement
impérial, et que la restauration elle-même a suc-
combé sous l'insurrection.

Les ressources de tout genre n'ont pourtant manqué à aucun de ces gouvernemens : ce que les trois
premiers ont coûté à la France en hommes et en

argent, est incalculable ; le génie de la législation et de la guerre s'est épuisé en efforts pour les soutenir ; la restauration a eu aussi pour elle le crédit public et l'ascendant de grands bienfaits. Si ces gouvernemens ont péri, après une si courte carrière, c'est qu'ils renfermaient un vice intrinsèque, et ce vice, c'est que la nation manquait au gouvernement de la chose publique.

Il n'y a de sève et de vitalité, que là où les intérêts spéciaux de toutes les parties d'un royaume sont fidèlement représentés, et où les intérêts généraux ne sont que le produit ou l'expression de ces spécialités. Toutes les fois donc qu'on ravira ce privilége à une nation, on l'anéantira, autant qu'il est donné aux hommes de le faire ; mais comme une nation n'expire point sans une longue agonie, elle fera mourir avant elle ceux qui l'auront placée dans cette situation contre nature, et ses efforts pour revenir à la vie étoufferont les gouvernemens éphémères qui auront voulu la lui ôter.

C'est ainsi que la république, centralisée à Paris, mourut dans les langueurs et les violences du directoire, sous les coups d'un général qui avait momentanément dans sa main toutes les forces de la nation opprimée et indignée.

C'est ainsi que Napoléon, n'ayant donné à la nation que la gloire au lieu de la liberté, et ayant rivé les chaînes de la centralisation, fut abandonné par la France, et périt dans l'isolement.

C'est ainsi que la restauration, ayant eu le malheur de prêter l'oreille à des conseils funestes, et de maintenir l'exclusion de la nation du gouvernement représentatif, périt dans un abandon injuste, sans doute, mais qui était la conséquence forcée d'un système de centralisation que l'intrigue seule exploitait depuis quinze années.

Si la royauté légitime eût convoqué les Etats-Généraux, c'est-à-dire la nation entière, telle que les événemens l'ont faite, elle se fût mise à l'abri des piéges de l'empirisme doctrinaire, sorte d'alchimie politique, qui décompose et transforme les principes et les faits, donne à la vérité, en l'altérant, le discrédit du mensonge, au mensonge les couleurs de la vérité, fait du vice la vertu, de la vertu l'auxiliaire du vice, qui crée, à l'usage de son ambition et de sa cupidité, un monopole des sentimens, des droits et des intérêts sociaux, et combine les élémens contraires pour en former un je ne sais quoi, qui n'est ni l'être ni le néant, et qui traîne une apparence de vie au milieu des illusions et des contradictions perpétuelles du pouvoir et de la liberté.

C'est dans ce cercle déplorable qu'une faction perfide a su renfermer la branche aînée des Bourbons, par sa charte de 1814. Des libertés générales y étaient nommées, et les libertés spéciales manquaient, de telle sorte qu'à la faveur d'expressions ambiguës, l'on pouvait passer du droit commun à l'exception, et revenir de l'exception au droit commun. L'égalité civile y était prononcée, et la presque universalité des citoyens était exclue du droit d'élection, du droit d'éligibilité, et la centralisation détruisait incessamment l'équilibre et l'harmonie des intérêts provinciaux. L'aristocratie politique y figurait, mais elle n'était point le résultat des progrès continuels faits dans l'opinion des masses par le maniement de leurs intérêts, et par la position acquise au milieu d'elles, seule aristocratie possible de nos jours. La liberté de la presse; et la nourriture lui manquait; et à défaut de réalités, elle se repaissait d'abstractions qui l'ont rendue quelquefois folle, souvent furieuse. La liberté de conscience, et tout près le monopole de l'enseignement. L'indépendance de la magistrature, l'universalité de la juridiction, et à côté, l'absorption administrative par la voie des conflits, le vice des attributions du conseil d'Etat, et l'imperfection du réglement de la compétence judiciaire. L'irrévocabilité des jugemens et des sentences administratives revêtues du contre-seing de ministres responsables; la responsabilité des ministres, et l'impossibilité de les poursuivre, eux, leurs actes, et leurs agens. La légitimité royale, et, à côté d'elle, l'arbitraire écrit dans l'article 14, et l'absence de la légitimité nationale dans une représentation fidèle et progressive de tous les intérêts nationaux, et dans le vote de tous les citoyens actifs.

Il arrivait, de cet assemblage de principes et de faits contraires, que le pouvoir vaguait forcément

dans une alternative de droit commun et d'exception ; qu'il était poussé aux mesures restrictives par
les inconvéniens de principes abstraits que l'épreuve
de la spécialité n'avait point réalisés, et qu'il se lan-
çait ensuite dans un excès contraire : alternative que
ses ennemis ont prise pour de la perfidie, et à laquelle
le caractère personnel du monarque était absolument
étranger. C'est ainsi qu'auprès du bien-être matériel
et général, résultat du principe salutaire de la légitimité, se formait un effroyable désordre d'idées qui
devait, un peu plus tôt ou un peu plus tard, déterminer
une nouvelle révolution, si l'on ne fût sorti de l'or-
nière profonde où le char doctrinaire traînait la
royauté. En présence d'un système diplomatique qui
ne manquait pas de dignité, on voyait une nation
disposée à en récuser la gloire : en un mot, combat
perpétuel des idées dominantes et des faits politiques
produits, triste héritage du canapé, et de cet ambigu
politique, qui ont amoncelé sur notre malheureuse
France des sentimens factices, des idées fausses, des
passions folles, un patriotisme sans réalité, un esprit
révolutionnaire sans énergie, de la politique sans dignité, de la littérature sans goût, de la philosophie
sans principes.

Si l'absence des Etats-Généraux a amené la chute
de la restauration, elle a, dès le début, frappé de
paralysie le gouvernement de juillet. La charte de
1830 renferme bien moins encore que celle de 1814
les conditions de la vie politique, parce qu'il lui

manque un principe fondamental. Tant qu'on ne voudra que d'une liberté politique circonscrite et centralisée, d'un système qui étouffe la progression et le développement des intérêts spéciaux, et substitue un niveau destructeur à l'appréciation locale et à la combinaison des moyens et des charges; tant qu'on ne voudra que d'une égalité nominale qui colore et consacre toutes les injustices, et d'une aristocratie politique improvisée qui ne représente et ne garantit aucun intérêt, on ne parviendra point à gouverner la nation : on ne fera qu'organiser une tyrannie sourde, plus odieuse que le despotisme brutal, parce qu'elle déshonore, en la ruinant, la nation qui la souffre.

C'est par les masses que la liberté politique et l'aristocratie doivent passer et se développer progressivement. Elles doivent en être les enfans, conçues dans leur sein, portées par elles, mises au jour par elles. Un pouvoir qui n'y a pas ses racines depuis des siècles, une dynastie qui n'y a point grandi avec le sol, les institutions, les mœurs et la liberté, peuvent difficilement subsister et garantir une constitution quelconque. Il n'y a qu'une gloire prodigieuse ou un vote universel qui puissent y suppléer un moment : or je ne vois rien de semblable dans l'ordre actuel des choses.

Le gouvernement de juillet traîne une existence languissante entre le droit, dont il ne peut invoquer le bénéfice, et la force, qui lui est mortelle. Lorsqu'une velléité naturelle au besoin de vivre l'incline vers le droit, le fait le ramène brusquement à son empire et au berceau qui le vit naître. Il en résulte un embarras d'organisation qui le place continuellement en contradiction avec lui-même, et qui imprime à tous ses mouvemens une allure équivoque et double qui laisse l'opinion incertaine sur ce qu'il blâme et sur ce qu'il approuve, qui répand une inexprimable anxiété parmi tous ses agens, et discrédite d'avance toutes ses promesses, toutes ses déclarations, tous ses actes et toutes ses doctrines. Dans un tel état, nul gouvernement ne peut vivre.

La loi du temps elle-même, je veux dire la légitimité, abandonnée à ses propres forces, ne vivrait pas aujourd'hui. Il lui faut une existence collective avec celle des masses, une teinte et une sève nationales, appropriées à l'état de la civilisation et des intelligences, de l'esprit d'égalité qui y domine, du commerce, de l'industrie et des arts; en un mot, le gouvernement des Etats-Généraux, c'est-à-dire l'expression fidèle de tous les intérêts, tels que le temps et la civilisation les ont faits. De ces communications pleines de vie et de réalités, elle sortira plus que légitimité royale; elle sortira légitimité nationale, seul genre de légitimité qui puisse être comprise de nos jours : LE POUVOIR COEXISTANT DE TEMPS IMMÉMORIAL AVEC TOUS LES INTÉRÊTS NATIONAUX, SE MODIFIANT ET GRANDISSANT AVEC EUX, ET SE FAISANT TOUT A TOUS : pouvoir conservateur de la famille, de la com-

mune et de la province, comme êtres moraux indi-
visibles; de la famille, dont les mœurs, le patrimoine
et la conservation forment à ses yeux le véritable intérêt général de la société, et dont il ne consacrera
jamais, par le divorce, la scandaleuse dissolution;
de la commune, qui repose moins sur l'aggrégation
matérielle des individus, que sur *la liaison morale*
établie entre eux par *la communauté d'intérêts,* et
qu'il se gardera bien de dissoudre, en lui ravissant
ses propriétés, la nomination de ses officiers et l'administration de ses biens; de la province, être col-
lectif inviolable comme les familles et les communes
qui la constituent, et dont l'existence spéciale fut
stipulée par les traités qui la joignirent au corps de
la nation : pouvoir conservateur de la propriété publique et privée, qui subordonne l'inviolabilité de la
première à l'inviolabilité de la seconde; qui n'en-
vahit point celle-ci au profit de celle-là par des impôts non votés par elle, et qui ne souffre pas qu'une
centralisation usurpatrice soit imitée par ces docteurs
d'anarchie qui sapent la société par sa base, en ren-
versant le principe éternel des sociétés humaines.

Nous ne pouvons mieux terminer ce chapitre, que
par ce discours de M. Benjamin Constant contre la
centralisation parisienne, dans laquelle ce profond
publiciste voyait l'ennemie de toute vitalité politique, et le plus grand obstacle à nos libertés.

« Le despotisme, dit-il, dont nous portons partout
« les tristes et profondes cicatrices, a fait de la France

« une surface plane et unie, sur laquelle l'autorité se
« promène à son aise, sans rencontrer aucun obstacle
« qui la gêne ou la borne.

« Il y avait sous l'ancien régime, et il y a dans
« tous les pays monarchiques, quelqu'opposés qu'ils
« soient à nos formes constitutionnelles, des auto-
« rités locales, des administrations de province, des
« priviléges même, onéreux en principe, mais oppo-
« sant une digue à l'action rapide ou pesante du pou-
« voir centralisé.

« Empressés de bâtir un édifice entièrement neuf,
« nos législateurs impatiens ont commencé par ni-
« veler le terrain, et par broyer et réduire en poudre
« les matériaux qu'ils voulaient employer. Un auto-
« crate habile s'est constitué le légataire de leurs des-
« tructions. Il voyait dans tout établissement qu'un
« mot de sa bouche n'aurait pu anéantir, un germe
« importun de résistance. Il savait qu'il aurait bon
« marché des individus en roulant sur eux sans ef-
« forts, comme sur le sable, le poids énorme de sa
« volonté.

« La restauration nous a trouvés et nous a laissés
« dans cette position.

« Qu'y a-t-il aujourd'hui entre le gouvernement
« central et le peuple ? Des instrumens éphémères,
« mobiles, révocables, étrangers souvent aux lieux
« où ils administrent, n'ayant rien à craindre de
« l'opinion de leurs concitoyens, ayant tout à espérer
« des faveurs du pouvoir.

« Or, je le demande, n'est-il pas dangereux d'ac-
« croître immensément l'autorité centrale, et nous
« en faisons partie, puisque nous votons les lois que
« le gouvernement exécute ; n'est-il pas dangereux,
« dis-je, d'accroître immensément cette autorité
« qu'aucun intermédiaire aujourd'hui ne peut mo-
« dérer ou adoucir ?

« Je le dis franchement, un pouvoir exécutif riche
« de vastes prérogatives et de trésors considérables,
« une cour nombreuse et splendide, deux chambres
« omnipotentes, et une durée longue, me paraîtront
« des élémens dangereux aussi long-temps que je ne
« verrai pas chez un peuple des intermédiaires pro-
« tecteurs des intérêts et des libertés partielles......

« On ne saurait trop répéter à ceux qui ont l'au-
« torité en mains, que, sans une organisation inté-
« rieure favorable à la fois à l'ordre et à la liberté,
« il n'y aura en France ni gouvernement représen-
« tatif, ni monarchie constitutionnelle, ni même
« nation, en prenant ce mot dans son véritable sens ;
« car aujourd'hui, il faut le dire, il n'y a de nation
« que dans la capitale.

« Permettez-moi, messieurs, d'expliquer ma pen-
« sée. Par cela même qu'on a détruit toute vie poli-
« tique, dans les parties éloignées, un petit Etat, seul
« actif, seul influent, s'est formé au centre. Dans la
« capitale, s'agglomèrent tous les intérêts ; là, vont
« s'agiter toutes les ambitions ; le reste est immobile.
« Les individus, perdus dans un isolement contre

« nature, étrangers au lieu de leur naissance, sans
« contact avec le passé, ne vivant que dans un pré-
« sent rapide, et jetés comme des atômes sur une
« plaine immense et nivelée, se détachent d'une pa-
« trie qu'ils n'aperçoivent nulle part, et dont l'en-
« semble leur devient indifférent, parce que leur
« affection ne peut se reposer sur aucune de ses par-
« ties.

« Donnez-nous donc des institutions locales qui
« garantissent et défendent les intérêts partiels, sans
« quoi je ne saurais concevoir que l'on consente à
« l'accroissement de l'autorité centrale. »

CHAPITRE VI.

LE RÉTABLISSEMENT DU GOUVERNEMENT DES ÉTATS-GÉNÉRAUX ET
PROVINCIAUX EN FRANCE EST DONC NÉCESSAIRE POUR RENDRE A
LA NATION CETTE PARTICIPATION AUX AFFAIRES PUBLIQUES, QUI
EST LA CONDITION VITALE DE LA STABILITÉ POLITIQUE.

Il faut donc rétablir le gouvernement des Etats-
Généraux et provinciaux, et rendre à tous les Français ce droit d'élection et cette spécialité du mandat électoral, qui sont la vie du gouvernement de
la France.

Tous, sans distinction, doivent le désirer, puisque

la légitimité et le gouvernement de juillet ne peuvent qu'à ce prix avoir une chance quelconque de durée.

Mais à ce seul mot d'Etats-généraux, d'assemblées générales de la nation, de suffrage universel, les objections et les récriminations surgissent en foule : parcourons-les successivement, car aucune ne doit rester sans réponse, lorsqu'il s'agit d'écarter les obstacles qui pourraient arrêter ou retarder la marche des esprits vers un but si désirable.

Je supplie qu'on ne perde pas de vue que je discute un point de droit public, sans lequel je suis convaincu que la société ne peut subsister; et que, par conséquent, il est loin de ma pensée, il serait contraire à l'intérêt de ma cause de descendre à la haine ou au dénigrement, et d'appeler à mon secours les passions politiques. Ami de l'ordre, voué par nature et par état à la défense des lois, je prise les bienfaits d'un pouvoir, même incomplet, partout où je les aperçois; et, avec la même loyauté, j'en signale les vices, parce qu'avant tout, je suis Français, et que le culte de la vérité est, à mes yeux, inséparable de celui de la patrie.

§ Ier.

Réponse à l'objection : *C'est un piége des partisans de la dynastie déchue pour s'emparer du pouvoir, pour jeter le désordre dans la nation, et séparer du gouvernement établi les provinces du Midi et de l'Ouest.*

La réponse à cette objection est péremptoire : les grandes fortunes et les grandes influences appartiennent aux hommes de la révolution autant qu'à ceux de la légitimité. Le danger de l'olygarchie ne viendrait donc pas des royalistes.

Ce qui était possible autrefois, serait-il impossible aujourd'hui? Y a-t-il plus de difficultés à réunir des assemblées cantonales et provinciales, que des colléges électoraux d'arrondissemens et de départemens?

Et quant à la séparation prétendue de certaines provinces du gouvernement, l'autorité du roi, si elle est nationale, ne doit-elle pas acquérir en force ce que ces provinces obtiendront en bienfaits, en allégement d'impôts, en prospérité matérielle?

C'est ici le lieu de signaler à la France tout ce qu'il y a d'égoïsme et de mauvaise foi dans ces éternels accusateurs de notre sincérité, espèce de charlatans populaires et d'escamoteurs de réputations politiques, qui tremblent de voir toucher au monopole de leur patriotisme, ou de voir faire quelque progrès dans l'estime nationale à des hommes honorables dont ils ont, à force de calomnies, transformé le caractère aux yeux des peuples; ils s'écrient : *Voilà l'ennemi!* Lorsque des Français, qu'ils voudraient réduire au rôle de *Parias*, portent la main au masque qui les couvre, et prononcent les mots de *nation, d'intérêts populaires* et de *liberté*.

§ II.

Réponse à l'objection : *Mais les masses ne savent point ce qui leur convient; on doit faire le bien pour elles, et non par elles.*

Il est possible que les masses ne sachent plus ce qui leur convient, lorsqu'on a fait de la société une table rase, et qu'on a substitué la centralisation aux intérêts spéciaux. Elles n'ont guère alors que des passions et de la violence à fournir comme élémens de gouvernement à ceux qui les ont indignement trompées.

Mais les masses ont un instinct admirable pour connaître leurs besoins locaux, les maux qu'elles souffrent et la nature des remèdes qui doivent y être apportés, la quotité d'impôts qu'elles peuvent supporter, les moyens à employer pour accroître leur aisance matérielle; elles excellent surtout à discerner la probité et le mérite des hommes qui vivent dans leur circonscription territoriale. Quand elles auront un mandat spécial à donner, soyez sûr qu'il sera toujours décerné à leur véritable ami.

Mais pourquoi calomnier les masses? Elles sont pleines, aujourd'hui surtout, d'un bon sens, d'un tact, d'un esprit de discernement, d'un patriotisme, d'un désintéressement et d'un amour de l'ordre, qui en font le moyen de gouvernement le plus puissant et le plus sûr de nos jours. Dès-lors le premier degré d'élection, confié à tous les Français portés au rôle d'imposition directe, dans chaque commune, doit conduire à des assemblées électorales et provinciales capables des résolutions les plus saines et les plus favorables au bien local et général de la société.

Je vais en donner deux mémorables preuves qui étonneront beaucoup les auteurs de l'objection :

C'est la révolution de juillet et l'insurrection lyonnaise : poussées aux armes par l'égarement, le patriotisme ou le désespoir, elles ont mis dans le combat un courage, un ensemble qui étonnent même les gens de guerre; elles ont montré, après la victoire, une modération, une humanité, une horreur du pillage, du meurtre et de l'anarchie dont l'histoire n'offre pas d'exemple.

Ces masses, que le vice de vos institutions porte à la violence, sont donc essentiellement amies de l'ordre, de la liberté, de la propriété, puisqu'elles savent en donner des preuves et se maîtriser elles-mêmes au sein du combat et du triomphe.

Des institutions meilleures, l'admission de ces masses aux élections, l'instruction primaire progressivement répandue en feront peut-être le peuple le plus sage de l'univers.

« Cette classe, disait M. de Corbière, lors de la

« discussion de la loi d'élections, est, par sa situa-
« tion, la plus exposée à des injustices particulières,
« et a le moins de garanties contre elles. Au-dessus
« d'elle, il s'établit un équilibre naturel entre le
« rang et la fortune, la naissance et les talens, les
« fonctions actuelles et les services anciens. Ces
« avantages, diversement répartis, font naître des
« droits réciproques que tous peuvent réclamer, des
« droits que personne n'oserait méconnaître, des
« bienséances quelquefois plus respectées que les
« devoirs. Si vous conservez à la classe inférieure
« quelque participation aux élections, vous lui assu-
« rez un droit à des égards dont elle n'est pas in-
« digne, à une protection, si vous l'aimez mieux,
« dont elle a besoin. Le projet de loi, dans sa dé-
« marcation tranchante, laisse sans appui, dans l'or-
« dre social, une classe bien nombreuse de votre
« population. Jamais on n'avait eu l'impudence de
« la laisser dans un tel isolement; ses corporations
« jadis lui conféraient des droits analogues à ceux
« que les autres classes avaient alors.

« Craignez vous-mêmes, a-t-on dit, de donner des
« armes à la multitude toujours turbulente et prête
« à servir d'instrument à tous les factieux.

« Sans doute, il faut la prévenir elle-même, et
« nous préserver avec elle des dangers dont on nous
« menace.

« Quel peut être l'effet d'une influence indirecte,
« subordonnée et presque insensible? Celui que j'ose

« en espérer est bien différent de celui qu'on veut
« vous faire redouter.

« Il me semble qu'elle ne peut servir qu'à neu-
« traliser les passions, qu'à adoucir les mouvemens
« de votre machine politique.

« Plus vous ferez entrer d'élémens dans vos col-
« léges électoraux, moins les partis se prononce-
« ront d'une manière tranchante.

« Si vous lancez dans l'arène des élections deux
« classes rivales seules, et pour la première fois sans
« intermédiaires, n'êtes-vous pas effrayés de ce com-
« bat corps à corps! *Ah! croyez que, de quelque*
« *côté que soit la défaite, elle sera funeste à tous!*
« On a parlé d'auxiliaires qui peuvent trahir la
« cause de ceux qui les appellent, et moi, je désire
« que nous cherchions des auxiliaires aux faibles,
« quels qu'ils puissent être, et ils se présentent à vous
« dans cette classe qui sent, par un juste instinct,
« que toute victoire lui deviendrait fatale, et qu'elle
« resterait livrée sans défense au parti vainqueur. »

C'est ainsi que combattaient, pour les intérêts
nationaux, ces hommes tant calomniés depuis! Tous
les beaux caractères français, entres autre M. le duc
Mathieu de Montmorency, défendirent la même
opinion. M. le comte de la Ferronnais s'écria, d'un
ton prophétique, à la Chambre des pairs : « Au mo-
« ment de voir terminer cette discussion et d'aller
« au scrutin, qui va bientôt décider du sort de la
« loi, je ne puis me défendre d'une profonde émo-

« tion ; *il me semble que nous allons , pour ainsi*
« *dire , signer l'arrêt de notre patrie.* La France
« nous demande de ne pas prononcer légèrement
« sur son sort...... Je regrette qu'aucun des défen-
« seurs du projet n'ait pu me faire revenir de mes
« préventions contre une loi dans l'exécution de la-
« quelle on veut nous faire voir le salut de la France,
« *lorsque je crois n'y voir que les plus sinistres*
« *présages.* »

L'évènement a parlé depuis : la haute, la moyenne
et la petite propriété, le commerce et l'industrie frappés de mort ; le budget accru de 6 à 700 millions ;
l'impôt de quotité doublant la contribution personnelle et mobiliaire ; ces centimes additionnels qui
augmentent d'un tiers la contribution foncière ; ces
autres centimes additionnels ou supplémentaires, des-
tinés à donner du travail aux ouvriers et des secours
aux pauvres, qui n'en meurent pas moins de faim ;
les supplémens d'impôts en perspective, que rendront indispensables la perte de nos ressources, la
vente de nos bois et l'altération des canaux de l'impôt indirect, présentant, au mois de juillet dernier,
un déficit de 75 millions ; et, par la conséquence
d'une loi spéciale, l'aggravation d'impôts résultante
de ce déficit, mise à la charge de la contribution
mobiliaire, personnelle et foncière ; la réduction, par
le fait, des deux cent mille électeurs à quatre-vingt
mille ; la manifestation d'un déficit de 492 millions,
la dette publique arrivant rapidement à ce point où

une catastrophe est inévitable, et le chiffre du budget maintenu, et l'aveugle et opiniâtre persévérance dans le même système; la nation entière écrasée, et mise de côté dans la représentation soi-disant nationale : voilà, ce me semble, des argumens péremptoires pour démontrer le vice profond, organique de l'ordre des choses existant, et pour faire sentir, à tout ce qui porte un cœur français, la nécessité de recourir au gouvernement des Etats provinciaux et généraux.

Les maux les plus irritables et les prétentions les plus opposées trouvent un remède et une conciliation nécessaires dans cette combinaison. Ces grandes questions d'économie politique qui intéressent des populations entières, telles que celle des entrepôts, par exemple, sont résolues par la classification des intérêts, et non par les principes d'une centralisation absolue, ou de théories périlleuses et changeantes. La liberté commerciale se réalise par la voie des compensations, et certains priviléges se justifient par la certitude bien acquise que, loin de tourner au détriment de personne, ils fortifient le nerf du commerce et de l'industrie. Ces grandes individualités nationales, qui demandent à jouir d'une vie propre, ne regardent pas aux sacrifices qui peuvent leur être demandés dans l'intérêt général, lorsque la sage adaptation des impôts et le choix convenu des moyens de prospérité leur laissent le libre usage de toutes leurs ressources; la richesse, la force et la vie sociale sont alors également réparties; et l'action du pouvoir, loin d'en être affaiblie, y gagne tout ce que sa centralisation absorbante lui fait perdre d'amour et de confiance.

Ces vérités, avouons-le, commencent à être senties par les hommes les plus distingués et les plus habiles du parti libéral. Ecoutons M. Jay dans la séance du 16 décembre 1831 :

« C'est une grande faute politique, dit-il (à l'oc-
« casion de l'entrepôt), que de concentrer toute la
« force, toute la richesse, toute la vie de l'Etat dans
« une seule ville, quelque brillante, quelque patrio-
« tique qu'elle soit, surtout quand cette ville est si
« rapprochée des frontières. Ce fut la faute de l'em-
« pire, et il en subit la peine. Je ne fais qu'indiquer
« cette idée qu'il me serait pénible de développer;
« mais, je le répète, point d'aisance, point de bon-
« heur, point de liberté véritable dans un pays où
« la concentration du pouvoir, de la richesse, des lu-
« mières s'effectue sur un seul point; dans un pays
« qui, comme la France, est tellement appauvri de
« mœurs politiques, qu'il est susceptible, avec les
« meilleures intentions du monde, de tomber suc-
« cessivement, et presque sans intervalles, dans les
« mouvemens les plus opposés.......

« Les grands capitaux sont à Paris, dit ailleurs
« M. Jay; soit; mais comment y sont-ils venus?
« Est-ce la nation qui les y a transportés, ou plutôt
« ne sont-ce pas les combinaisons d'*un système po-*
« *litique vicieux, pour ne rien dire de plus?*

« *N'est-ce point cette centralisation universelle*
« *que vous avez tant de fois attaquée à la tribune*
« *de la restauration, et que vous invoquez quand*
« *il s'agit de vos intérêts? Est-ce donc là. du li-*
« *béralisme? Est-ce donc là sincèrement la plus*
« *vulgaire bonne foi?* »

M. Jay n'est pas le seul député libéral qui sente profondément la nécessité de détruire la centralisation. Un orateur d'une grande élévation d'esprit et de caractère, M. Pagès, s'est exprimé en ces termes, dans la séance du 19 décembre, au sujet des troubles de Lyon :

« Ce qui pèse sur le peuple, dit-il, c'est le sys-
« tème des impôts, leur énormité, leur répartition ;
« c'est votre tarif des douanes mal combiné avec le
« prix des productions et des tonnages à l'étranger.
« Voilà ce qui empêche le fabricant de produire
« avec bénéfice, et l'ouvrier de vivre de son travail.

« *Il nous faut un pouvoir avec le courage et la*
« *capacité de tenter une nouvelle organisation*
« *administrative et financière, en harmonie avec*
« *l'état social tel que le temps nous l'a fait; car*
« *il faut prendre la société telle qu'elle est,* ET
« L'ON PEUT MODIFIER L'ORDRE POLITIQUE POUR
« SAUVER LE PAYS D'UNE CATASTROPHE IMMINENTE. »

M. de Tracy, à la même séance, a dit :

« Si les rapports que j'ai reçus sur les évènemens
« de Lyon ne m'ont pas trompé, il est probable que,
« si une organisation municipale, si de sages attribu-

« tions eussent existé, il est probable que les trou-
« bles de Lyon n'auraient pas éclaté.

« On a dit, à cette tribune, qu'il fallait les attri-
« buer à la détresse de la classe ouvrière. Elle a souf-
« fert, sans doute ; cependant cette détresse n'est pas
« l'unique cause du soulèvement dont nous déplo-
« rons les conséquences ; *il y en a d'autres, et il*
« *est vraisemblable que si l'administration avait*
« *été constituée sur d'autres bases, ces évènemens*
« *ne se seraient pas développés.....*

« N'allons pas chercher les causes de la détresse
« de la classe ouvrière où M. le président du conseil
« a cru les reconnaître, c'est-à-dire, dans le trop
« grand développement de l'industrie, et surtout
« dans la découverte des procédés qui ont perfec-
« tionné la production. La grande production n'a
« jamais été nuisible aux classes pauvres ; ce qui leur
« est nuisible, *c'est l'inégale et trop lourde répar-*
« *tition des impôts.* Tout impôt qui pèsera sur les
« classes ouvrières sera toujours un mal. Ce n'est pas
« que je veuille supprimer les sources de l'impôt,
« mais je m'éleverai toujours contre les assertions
« qui tendraient à dénaturer le mal, et à le montrer
« là où il n'est pas.

« Je répéterai encore ici ce que j'ai eu l'honneur
« de vous dire l'autre jour. Si le gouvernement ne
« cherche point à porter un remède au mal *en vous*
« *offrant, avant la discussion du budget, un sys-*
« *tème complet sur les finances, un système de*

« *modification d'impôts* (car les impôts doivent être
« modifiés, c'est une nécessité absolue), jamais vous
« n'arriverez au but que vous voulez atteindre. »

Cette modification d'impôts, ce remède au mal
social, ce système économique d'administration se
trouvent tout entiers dans les états provinciaux et
généraux.

§ III.

Réponse à l'objection : *Mais la convocation des Etats-Généraux est
dangereuse, parce qu'elle pourrait ébranler le gouvernement du 7 août
1830 ; elle est inutile, parce que la majorité du pays a parlé, et que
le peuple a voulu et ratifié par son organe tout ce qui s'est fait.*

Quoi donc ! toujours des préoccupations d'intérêt
personnel, quand il s'agit d'une résolution d'où dé-
pend le bonheur de la France ! Mais si le gouvernement du 7 août est le résultat du vœu populaire,
qu'avez-vous à redouter ?

Si les patriotes et les légitimistes sont partout en
minorité, le triomphe de la quasi-légitimité n'en
sera que plus éclatant. Il ne s'agit point en effet, et
ceci répond à l'éternelle objection des partisans de
l'état actuel des choses, il ne s'agit point de faire
intervenir des masses tumultuaires dans le gouvernement, mais de recueillir le suffrage de chaque
commune, de chaque province, et de former, par
une élection progressive, une assemblée nationale
qui prononcera sur nos plus grands intérêts. Cette
assemblée a bien été formée en Belgique ; pourquoi
ne le serait-elle pas en France ?

Comment peut-on se dire Français, et se résigner à ne placer la souveraineté nationale que dans cent soixante mille électeurs ? Comment peut-on se dire Français, et se croire représenté par la minime fraction des colléges électoraux, qui ne représentent pas eux-mêmes la quarantième partie de la France active ?

« Quoi, disait fort bien M. le duc de Fitz-James à la séance du 22 décembre dernier de la Chambre des pairs, cent soixante mille citoyens qui ont le droit de dire à huit millions de Français, au nom de la loi : *Nous sommes tout ! vous n'êtes rien !*

« Un contribuable à 200 fr., qui peut dire à son voisin, qui ne paie que 199 fr. 99 cent. : Arrière, ta place n'est pas à mes côtés ; il n'y a de toi à moi que l'épaisseur d'un centime, je le sais ; n'importe, le centime est un mur d'airain que la loi élève entre nous ; à moi le privilége héréditaire et la souveraineté ; à toi l'ilotisme. Tu paieras tes contributions ; tu seras toujours prêt à te faire tuer quand mes délégués te l'ordonneront. Dans les rangs de la garde nationale, je saurai bien te forcer à venir défendre ma boutique et ma propriété ; mais borne-là tes prétentions : à la charrue, car j'ai besoin de récoltes : à la frontière, car l'ennemi la menace. Moi, je vais nommer des députés qu'en vertu de ma souveraineté j'investis du pouvoir de faire et de défaire les rois, de faire et de défaire les lois, lorsque ces rois, lorsque ces lois ne me conviendront plus ! »

Croit-on que huit millions de *parias* puissent encore long-temps exister en France!!

Quelle effroyable responsabilité n'assumez-vous pas sur vos têtes?

Mais la majorité parlementaire s'est prononcée, dites-vous; la majorité parlementaire, c'est la majorité du pays, et le peuple a voulu et ratifié par son organe tout ce qu'elle a cru devoir faire.

Comment! le mandat donné par les électeurs à cent écus aux députés qu'ils ont élus, avait un caractère d'élasticité tel, qu'il allait jusqu'à les autoriser à substituer à l'ordre politique existant, un ordre politique entièrement nouveau! La souveraineté nationale, sous un roi légitime, auquel ils avaient prêté le serment d'allégeance, leur avait été inoculée à ce point, qu'ils pouvaient être juges de la nécessité de faire un roi nouveau, une constitution nouvelle, et pourvoir eux-mêmes à cette prétendue nécessité! Ce n'est pas sérieusement, sans doute, qu'on avance une telle proposition; elle n'est pas moins contraire à la vérité qu'offensante pour la raison publique.

En fait, il n'est pas vrai que la majorité parlementaire soit la majorité du pays. Ces majorités n'ont-elles pas plusieurs fois changé durant le cours de la restauration? ne les a-t-on pas violentées et transformées depuis quarante années par des faits et des lois contraires? L'immutabilité est-elle un privilége des opinions humaines? N'est-ce pas ce qui a fait reconnaître la nécessité de donner au roi le droit de dissoudre ces majorités, s'il les jugeait hostiles aux intérêts du pays?

Mais, en droit, une majorité parlementaire peut-elle porter atteinte aux lois fondamentales? Le système électoral a-t-il pour objet la modification ou le renversement de ces lois? La généralité du mandat électoral, en la supposant admissible et non réprouvée par les droits antérieurs de la nation, n'est-elle pas soumise aux règles du mandat ordinaire, qui en limitent l'effet au gouvernement et à l'administration? Le bon sens ne nous dit-il pas que ce serait indignement travestir ce mandat donné dans un temps régulier et calme, que de le faire servir à changer la constitution du pays? Et s'il est impossible que le mandat aille jusque là, puisqu'il n'a pour but que le vote de l'impôt et des lois utiles, et que la représentation qu'il a produite n'est qu'un des élémens de la puissance législative, quelle déraison n'y a-t-il pas à prétendre que les députés du gouvernement représentatif de la restauration étaient, en ce qui touche la création d'un ordre politique nouveau, la majorité du pays, et représentaient la souveraineté nationale?

Ainsi, et en nous plaçant sur le terrain même de l'argumentation des adversaires, leur proposition, que la majorité du pays a parlé par la majorité parlementaire, n'est pas admissible.

Mais elle est contraire à toutes les maximes de notre droit public, et aux droits imprescriptibles de la nation.

Il n'y a pas de pire défaut dans un acte quelconque, que le défaut de pouvoir : c'est une maxime du droit civil qui s'applique à plus forte raison au droit politique.

Laissons donc pour ce qu'elle vaut cette majorité de 219 députés sur une assemblée de 430 mandataires, et voyons d'ailleurs, en fait, si le peuple a voulu ou ratifié le gouvernement du 7 août.

Tout le monde est d'accord que le peuple de Paris ne voulait point le 26 juillet l'ouvrage du 27; que durant les trois jours de combat il n'a pas laissé échapper un seul cri qui annonçât qu'il voulût le renversement de l'ordre des choses existant. *Vive la Charte!* tel était le cri de ralliement des combattans. Le 29, au milieu d'une victoire dont le peuple ne se doutait point encore, il est reconnu qu'il n'avait fait aucun choix. Ainsi, de l'aveu de tous, le peuple de Paris en prenant les armes, le peuple en combattant, le peuple en triomphant, n'avait aucun dessein de renverser le trône de saint Louis. Il est donc impossible de dire, avec une apparence de raison, que la révolution de juillet, que ses résultats ont été l'ouvrage instantané de l'indignation et de la volonté populaires. Certes, quand il s'agit de faire un autre roi et une nouvelle Constitution, le dessein se prononce d'avance, il anime tous les efforts du peuple insurgé, il éclate dans ses paroles : ici, pas un un seul mot qui ait pu le faire soupçonner ; au contraire, le retrait des ordonnances, le changement de ministres avec les améliorations désirables, eussent été accueillis avec des cris de joie.

Mais à défaut de cette volonté extérieure et énergique de la population armée, on a supposé une raison cachée qui aurait opéré après coup sur les masses, et qui aurait rétroagi sur leurs pensées et leurs actions pendant les trois journées. Quelques députés se sont faits les juges et les interprètes de cette raison mystérieuse ; ils en ont déduit ce principe fondamental du gouvernement du 7 août, qu'il fallait forcément porter atteinte à la légitimité, à ce droit *personnel* et *divin,* comme ils l'appellent, qui a régi la France pendant quatorze siècles : ils en ont conclu, enfin, qu'il fallait délier la nation de ses sermens, et passer un nouveau contrat entre un autre prince et le peuple ; les 219 stipulant pour la nation, et toujours tenant la plume........ puissamment raisonné ! ! Cette intrusion posthume d'une pensée, d'un assentiment implicite dans les masses qui n'y avaient point songé, et qui n'en avaient dit mot ; cette intention rétroactive d'un mouvement universel et spontané que cette intention n'avait point animé ; cette correspondance divinatoire et simultanée de toute la population de France avec celle de Paris, qui, dans ce moment, sans rien vouloir et sans rien dire, représentait le vœu de la nation, sont assurément des argumens sans réplique pour justifier les actes des 219 ! ! !

§ IV.

Réponse à l'objection : *Mais il y avait nécessité d'établir le gouverne-*
ment du 7 août, tel qu'il existe ; et cette nécessité le légitime.

1° *Nécessité antérieure*, dit-on, car il fallait détruire *le droit divin et les préjugés d'une dynastie*
imposée par l'étranger, et qui depuis quinze années
faisait le malheur de la France !

Le *droit divin* ne mérite pas de réponse.

Les préjugés de cette dynastie n'étaient autres
que la liberté, la gloire et le bonheur de la France ;
témoin la liberté constitutionnelle dont cette dynastie a doté la France, qui depuis quarante années n'en
avait pas goûté de pareille, malgré les funestes influences du parti doctrinaire sur notre constitution
politique ; témoin l'abolition de la censure, qui a
marqué l'avènement de Charles X, la loi répressive
des fraudes électorales, la prospérité matérielle et le
crédit toujours croissant dont jouissait le pays.

Imposée par l'étranger ! Ceci est plus grave,
car c'est le grand argument populaire employé contre elle. Il faut donc, une fois pour toutes, réfuter
cette grossière calomnie.

Il est constant que les alliés, lors du traité de
Châtillon, ne pensaient point aux Bourbons. En effet, l'Europe consentait encore à cette époque à traiter avec la France, et elle nous laissait le Rhin pour
limite. Mais Napoléon, enflé d'un succès récent,

répondit en ces termes : *Je suis maintenant plus près de Vienne que les Autrichiens de Paris.* Quand Buonaparte eut abdiqué à Fontainebleau, et que toutes les armées alliées étaient aux portes de la capitale, l'Europe ne dit pas à la France un mot des Bourbons. Les Bourbons ne parurent alors ni à la tête de leurs partisans, ni à la tête d'une troupe étrangère, pour reprendre leur couronne. Ce fut la France, sans distinction d'opinions, qui, se souvenant des bienfaits et de la gloire dont l'avait comblée cette longue série de rois, ce fut la France qui, se souvenant que sous leur règne sa capitale avait été vierge de toute invasion, ce fut la France qui prit l'initiative, et se jeta dans les bras de ses princes légitimes. Les alliés cédèrent à ce vœu, mais ne le provoquèrent pas.

En 1815, loin d'imposer les Bourbons à la France, les étrangers voulaient les exclure. Par qui les puissances furent-elles provoquées à la guerre? Par Napoléon seul, qui, au mépris des traités et de son abdication, avait rompu son ban, et par la déclaration de guerre qu'il leur avait faite lui-même, en envahissant la Belgique. Après la bataille de Waterloo, Bonaparte revint à Paris, et il abdiqua de nouveau, en se mettant entre les mains des Anglais. Une députation de la chambre des cent jours vint proposer une capitulation aux alliés, et leur demander un roi quel qu'il fût, pourvu que ce ne fût point le roi légitime. Les alliés ne se prononcèrent point. La France seule se prononça de nouveau, et redemanda son roi légitime; et ce roi qui n'avait point provoqué la guerre, ce roi dont l'Europe ne demandait point le rétablissement, accourut pour sauver encore, par son intervention bienfaisante, cette patrie qu'il avait déjà, en 1814, délivrée de l'étranger!

Mais quoi! fut-il donc imposé par l'étranger, ce Louis XVIII qui menaça les alliés de se faire porter sur le pont d'Iéna qu'ils voulaient détruire, et de se faire sauter avec ce monument de nos victoires? Fut-elle l'alliée de l'étranger, cette armée royale de la Vendée, qui se joignit aux débris de l'armée de la Loire pour faire respecter le sol de la patrie? Sont-elles les amies de l'étranger, ces populations du midi et de l'ouest, qui, à leur fidélité pour le sang de leurs rois, joignent une telle horreur de l'invasion, qu'on les verrait se lever comme un seul homme pour la repousser, et dont quelques hommes influens qu'elles révèrent peuvent à peine retenir l'impétueuse indignation? Fut-elle imposée par l'étranger, cette dynastie qui, malgré l'Angleterre, fit la guerre d'Espagne, et qui sut exécuter une entreprise inouie de détermination et d'audace dans la guerre et la prise d'Alger? Est-ce à cette dynastie qu'on peut reprocher la honte d'une promesse d'abandonner cette conquête à l'Angleterre? Fut-il le serviteur de l'étranger, ce cabinet de la restauration, dont l'attitude, loin d'être précaire et suppliante, sut imprimer à la politique de l'Europe un grand mouvement en faveur de la Grèce, arrêta le czar marchant sur Constantinople, et préparait à l'Europe une autre distribution de puissance, en réparant ce qu'avaient d'anti-national et de désastreux les traités de 1815, dus à l'ambassadeur actuel à Londres, du gouvernement de juillet!!

2° *Nécessité actuelle,* dit-on encore; car sans l'œuvre du 7 août, on eût été précipité dans l'abîme de l'anarchie; et ce peuple dont on vante le courage, dont on admire à juste titre la modération, eût laissé partout dresser les échafauds de la terreur!!

3° *Nécessité postérieure,* ajoute-t-on enfin; car la souveraineté populaire rappelle dans le gouvernement l'intervention des masses, qui n'y ont jamais paru que pour le bouleverser et le rendre violent et sanguinaire!

Etonnantes objections, de la part de ceux qui ont recueilli les fruits de la victoire, de dire que ce peuple qui la leur a procurée, était capable de barbarie! Mais n'existait-il pas un lieutenant-général nommé par Charles X et par le peuple lui-même? Comment donc peut-on parler du danger de l'anarchie? Quant à nous, nous serons plus justes que ceux qui ont flatté le peuple, lorsqu'ils avaient besoin de lui, et qui le calomnient après en avoir obtenu le triomphe: nous dirons que les masses nous inspirent plus de confiance et de sécurité que ceux qui s'en servent comme instrumens de leurs projets, et que désormais nous sommes convaincus que ce n'est pas d'elles que viendront les excès et les crimes.

Il n'y avait donc pas nécessité, et parce qu'il existait un lieutenant-général, et parce que l'esprit de modération du peuple était une garantie suffisante; mais la nécessité, dans tous les cas, n'établit qu'un gouvernement provisoire, jusqu'à ce qu'il soit pourvu au gouvernement et à l'administration publique d'une manière définitive.

Que dis-je? Une nécessité contraire existait, et s'est depuis invinciblement manifestée. Cette nécessité est ressortie des évènemens graves qui viennent d'ensanglanter la seconde ville de France, et de l'état général des esprits. Quels que soient les motifs qu'on leur assigne, ils indiquent un mal profond, organique, et l'impuissance d'un pouvoir centralisé à Paris, et de ses autorités, pour en prévenir l'explosion. Si cette explosion ne se manifeste pas de la même manière dans les principales villes de France, le même mal ne s'y fait pas moins profondément sentir; et l'on peut dire, sans exagération, que le mécontentement des masses que la misère dévore, finira par être plus fort que l'action du gouvernement. Or, de tels malheurs seraient prévenus, si les populations de chaque commune, de chaque ville, de chaque province étaient appelées à exprimer leurs vœux, à sonder elles-mêmes leurs plaies, à voter et à répartir leurs charges, à proportionner les impôts de la consommation aux ressources du travail; si de ces investigations locales et provinciales, on remontait progressivement à la source des abus et à la constatation des causes premières de tant de désordres qui, depuis le 7 août 1830, n'ont cessé de se reproduire à Paris et dans les provinces, et de porter un coup mortel à toutes les existences.

Qu'on y prenne garde; cette nécessité peut devenir formidable, et le refus obstiné d'y satisfaire une cause de réactions terribles et d'égaremens funestes. Un petit nombre d'anarchistes peut s'emparer encore de ces masses changées en un torrent grossi par la misère et par le désespoir, rendu furieux et indomptable par le temps. Faut-il donc se préparer ainsi une source éternelle de regrets et de remords, quand il est si facile de régulariser et de diriger vers son but légitime la puissance nationale!

§ V.

Réponse à l'objection : *La restauration était un mauvais gouvernement, et celui que nous possédons est le meilleur gouvernement possible; inutile donc de convoquer les Etats-Généraux.*

On a dit, écrit et imprimé sérieusement, qu'une preuve de la bonté, du progrès et de la consolidation du gouvernement du 7 août, c'est qu'il a eu à lutter contre l'indiscipline des troupes, les agitations du midi et de l'ouest, le refus d'obéissance des autorités inférieures; contre la détresse du commerce et de l'industrie, le resserrement des capitaux, le nombre toujours croissant des banqueroutes, la suspension du travail, la misère des classes ouvrières, la résistance générale à l'impôt!.... Mais qu'eussiez-vous dit du trône légitime, si l'on avait vu surgir autour de lui, en 1814 et 1815, la misère, le mépris des ordres de l'autorité, le doublement des impôts, une résistance universelle, le désespoir des classes ouvrières, la désolation de l'industrie, la banqueroute, le resserrement des capitaux, la détresse générale?.... Qu'eussiez-vous dit, si, en présence de six mille hommes de troupes et de vingt mille gardes nationaux, trente mille ouvriers avaient pris les armes dans la seconde ville de France, y avaient combattu en désespérés avec un drapeau noir portant ces mots : *travailler pour vivre ou mourir en combattant?* s'ils s'étaient emparés de la ville et l'avaient gardée pendant près de quinze jours sous leur domination?.... Vous n'auriez pas manqué de dire que cette restauration, amenée avec les bagages de l'étranger, n'avait point pour elle le consentement du peuple, et vous auriez employé cet argument tiré d'une perturbation inouie, pour le prouver d'une manière péremptoire. Eh bien! je rétorque l'argument contre vous, et je dis : la restauration, loin d'avoir éprouvé de tels obstacles, a, comme par enchantement, cicatrisé les plaies profondes de deux invasions, rétabli la prospérité du commerce et de l'industrie; l'ordre et le bien-être ont régné partout, ainsi que la subordination, sauf quelques complots obscurs; les ennemis même des Bourbons n'en parlaient qu'avec vénération, hommage forcé rendu à la légitimité et à la vertu; cette restauration a, malgré l'Angleterre et les factions, exécuté seule des faits d'armes prodigieux. Donc cette restauration était puissante par elle-même ; donc elle n'avait pas besoin de l'étranger ; donc elle était nationale, et n'a point dû son retour aux ennemis de la France. Donc, au contraire, votre gouvernement n'est point l'effet de la volonté du pays ; le consentement général ne l'a point appuyé, puisque, de votre aveu, il éprouve de toutes parts de la résistance, et qu'il n'a cicatrisé aucune plaie : donc votre révolution n'a point été l'œuvre d'un enthousiasme électrique, comme vous le prétendez ; donc votre majorité parlementaire n'était point la voix de la nation ; donc elle a opéré et agi en dehors de ses pouvoirs.

Cette différence si tranchée entre la restauration et la quasi-légitimité, peut-elle laisser le moindre doute dans les esprits les plus prévenus ? Lequel des deux principes est donc le plus fécond, le plus prompt à opérer, le plus salutaire ? Vous le dites vous-mêmes :
« Il vous reste à fixer les doctrines du gouvernement,
« à poser les limites de l'obéissance et du pouvoir, à
« décider si les fonctionnaires seront seulement indé-
« pendans dans leurs votes, ou si, au contraire, ils
« peuvent attaquer le gouvernement d'une manière
« persévérante et éclatante ; si toute l'administration
« doit être divisée en partie ministérielle et en partie
« opposante ; à fixer le sort de l'administration par la
« discussion solennelle du budget, etc. »
Quoi ! votre gouvernement est sorti d'un accord, d'un enthousiasme universel qui a éclaté, dites-vous,

sur tous les points de la France à la fois, à Lille, à Paris, à Marseille, à Bordeaux, etc., et la guerre intestine règne jusque dans votre administration ! et vous en êtes encore à négocier avec vos propres autorités, à fixer les doctrines d'un gouvernement établi par acclamation ! à fixer le sort de l'administration par la discussion d'un budget que vous n'avez voté jusqu'ici que sous la forme de douzièmes provisoires, et qui serait réduit de moitié, si vous consultiez ces masses dont l'intervention dans le gouvernement vous paraît déplacée !!

Les objections des adversaires pour écarter l'exercice des droits de la nation dans les Etats-Généraux et provinciaux, et le soin qu'elle prendrait de veiller elle-même à sa dignité et à son bonheur, sous prétexte que tout est pour le mieux dans l'ordre actuel des choses, n'ont donc évidemment aucune valeur.

CHAPITRE VII.

DES MOYENS D'OBTENIR LE GOUVERNEMENT DES ÉTATS-GÉNÉRAUX. — VOLONTÉ MANIFESTÉE PAR LA NATION AUX DÉPUTÉS ACTUELS. — UNION DES FRANÇAIS GÉNÉREUX DE TOUS LES PARTIS. — PRINCIPES POLITIQUES QUI DOIVENT SERVIR DE BASE A CETTE UNION.

LA nation entière se laisserait-elle faire la loi par une poignée d'intrigans, et serait-elle descendue si bas, qu'il lui fallût, pour rentrer dans ses droits, recourir à la guerre civile, ou former le vœu impie de la violation du territoire et d'une grande perturbation européenne ?

Elle peut, par son attitude seule, forcer le gouvernement qui existe à respecter les lois fondamentales et immémoriales de la monarchie, et à en requérir lui-même l'exécution ; et pour cela il suffit qu'elle donne à tous les députés des départemens l'ordre exprès et formel de demander l'abrogation de la loi actuelle des élections, et de proclamer le principe qui servait de base à l'élection des députés aux Etats-Généraux. Il n'est pas besoin, pour intimer cet ordre, de recourir à la force ; la manifestation universelle de la volonté nationale ne saurait rencontrer de résistance, surtout de la part de ceux qui l'ont invoquée pour arriver au pouvoir.

Comme il s'agit de la félicité et de la grandeur de la France, une alliance franche doit en même temps s'opérer entre les hommes loyaux de tous les partis, de toutes les opinions. *Il n'y a point de partis irréconciliables,* a fort bien dit un habile député de la gauche, M. Mauguin, dans l'une des séances d'avril 1831. Ce vice radical et mortel de la division des esprits, est encore signalé par lui avec une grande supériorité de raison, dans son discours à la Chambre des députés, au sujet des troubles de Lyon. C'est qu'il est des intérêts communs aux gens de cœur de toutes les opinions ; c'est que l'honneur et le salut de la patrie étant le but de toute théorie politique qui n'a pas l'égoïsme pour principe, il suffit d'aimer sincèrement son pays pour se rencontrer en une infinité de points sur les routes qui peuvent y conduire.

Cette nécessité et cette possibilité de l'union sont profondément senties par les hommes d'Etat des opinions les plus opposées. Ecoutons M. le duc de Fitz-James, dans son discours à la séance du 22 décembre : « Il ne reste qu'un seul moyen pour éviter de si grands malheurs, et je n'ai pas le mérite d'être le premier à l'indiquer. Un honorable député (1) vous a dit, avec une force et une puissance de logique à laquelle je n'atteindrai jamais, qu'un appel au pays était le seul moyen de salut qui lui restât. Je ne connais pas ce député, même de vue; je n'eus jamais aucun rapport avec lui. Ses opinions sont loin d'être les miennes, et nous partons de deux points diamétralement opposés; ce qui n'empêche pas que l'on puisse se rencontrer en route quand on tend vers un même but, et que ce but est le salut commun. Il m'a convaincu, je l'avoue; que n'a-t-il également convaincu le gouvernement! Le temps est encore à lui, qu'il sache en profiter; demain, peut-être, il serait trop tard. Qu'il prenne confiance dans la sagesse du pays en masse. Aujourd'hui tous les contribuables pourraient encore librement exprimer leurs vœux et leur espoir. Si la république venait à triompher, son premier soin serait

(1) M. de Cormenin.

aussi de convoquer les assemblées primaires; mais alors une seule opinion aurait le droit de s'y présenter avec sécurité, et ce ne serait ni la vôtre ni la mienne. »

Au nom de tout ce que la patrie a d'empire sur les cœurs honnêtes, au nom de l'honneur national, de la liberté et de l'indépendance du pays, de la fortune et de l'avenir de la France, et de tous ces intérêts qui composent sa gloire et sa prospérité, je propose donc l'*union* de tous les Français dignes de ce nom, pour assurer l'intervention de tous dans l'élection, l'exercice de la puissance législative, et dans les grandes résolutions qui doivent assurer le salut de la patrie et l'inviolabilité du territoire.

Je déclare, sans affectation, que je reconnais la puissance de certaines idées, de certaines opinions propres *au parti libéral;* et malgré la prévention de ce parti contre la légitimité, j'avoue qu'il y a dans ses doctrines un fond de grandeur qui nous rappelle l'énergie de la liberté de nos pères, et que les royalistes que l'expérience et leurs affections doivent rendre avant tout *nationaux,* ne sauraient méconnaître sans impéritie et sans inconséquence. Ce parti répugne à l'avilissement intérieur et extérieur de la France, à la centralisation, à la servilité, à la transformation des principes et des faits, au patelinage, à la duplicité. Il veut que chaque commune, chaque province ait une existence et des droits à elle; que le territoire soit une vaste fédération d'intérêts et de dévouemens prêts à tout braver pour l'indépendance et la gloire de la patrie; l'exclusion même qu'il prononce contre la branche aînée des Bourbons, il veut qu'elle soit accompagnée de générosité, et qu'elle soit un acte non de la haine, mais de la puissance populaire; il déteste les lois d'exception, de proscription, les mesures extrà-légales; il abhorre le tripotage et le mensonge dans la création d'une aristocratie ministérielle; il fait d'énergiques efforts pour diminuer les charges qui accablent le pays, et n'épargne point des vérités sévères à la couronne; il veut de la liberté et de l'égalité pour tous. Entre ce parti et nous, il n'y a qu'un seul point d'opposition; c'est la garantie de la stabilité donnée à ces libertés que nous aimons comme lui, et le principe de légitimité dans lequel nous plaçons cette garantie. L'expérience, qui n'est impuissante que sur les intrigans et les lâches; le temps et la réflexion, qui triomphent de tout ce qui n'est qu'erreur ou passion, finiront par effacer cette opposition; car une dissidence fondée sur la prévention ne saurait subsister indéfiniment dans des cœurs généreux et véritablement patriotes. Nous ne tarderons pas, je l'espère, à voir tous distinctement le port de gloire et de prospérité où doit tendre notre patrie. S'il nous reste des préjugés qui y fassent obstacle, et qui soient injustes, nous nous en dépouillerons, et nos adversaires suivront notre exemple. Avec de tels sentimens, une alliance est possible entre des Français qui aiment également l'indépendance de leur pays.

Et quel droit aurait-on de douter de notre sincérité? Si l'on est juste, on doit juger de notre cause
par les principes et les intérêts qui forment sa pro-
fession de foi. Ces principes et ces intérêts sont-ils
réels, sont-ils bons, sont-ils salutaires? La convocation des Etats-Généraux réalise-t-elle l'intervention
de la nation entière dans la direction de la chose
publique, et donne-t-elle à la liberté la plus grande
extension possible? C'est là toute la question. Si nos
principes sont salutaires et efficaces, si, mieux que
tout autre système, ils mettent la liberté et la puissance nationale à l'abri des oscillations humaines, de
l'inconstance et de l'égoïsme des passions politiques,
adoptez ces principes ; c'est pour vous, dès-lors, un
devoir sacré. Veillez vous-mêmes à leur application,
invoquez la puissance populaire pour en assurer l'observation ou en venger le mépris. La France bénira
votre résolution et votre courage, et ne verra en
tous ceux qui les respecteront, quels qu'aient pu
être leurs antécédens, que des enfans dignes d'elle
et de ce vieux nom de FRANCS dont nous dota la
liberté.

Songez, je vous en conjure, que la persévérance
opiniâtre, dans certaines préventions, dans certains
préjugés, dans certaines répugnances, est mortelle
à tous les partis!

Quoi donc! n'est-il pas temps de renoncer à ces
argumens de récrimination et de colère, qui, depuis
quarante ans, nous ont divisés? Après tant de catas-

trophes et de sanglantes réactions, n'est-il pas temps
que tous les Français ne forment qu'une grande famille, unie par le sang, et dont les dissidences cèdent
à l'intérêt de patrie? Cette séparation violente et con-
tinuelle de sentimens, d'intérêts et de principes, ces
scissions déraisonnables et puériles qui résistent à la
voix de l'expérience, ces vanités, ces ressentimens et
cet esprit de dispute mis à la place de la patrie, ne
finiraient-ils pas par nous précipiter dans le ridicule, dans l'avilissement et la décrépitude du Bas-
Empire? Que deviendraient la France et l'honneur national, si les partis s'obstinaient à s'exiler
dans des catégories exclusives? Ce qu'on nomme le
parti libéral, ou le parti royaliste, peut-il périr? peut-il
être exterminé? Ah! la France peut bien, de ses
propres mains, déchirer ses entrailles; mais peut-il
y avoir chez elle des vainqueurs et des vaincus?
Est-il un nom qui puisse flétrir assez cette politique maladroite et à courte vue, qui, après la révolution de juillet, a divisé la France en vainqueurs
et en vaincus? Combien n'a pas dû jouir l'étranger
en voyant cette grande séparation qui faisait disparaître le nom français! Qui vous dit que ce n'a pas
été l'un des motifs de son adhésion apparente? Et
ne serait-ce point ce qui nous a fait mendier sa tolérance? *Diviser pour régner,* c'est la maxime des
ambitieux, des intrigans et des lâches : cette maxime
n'est pas française, elle ne peut tourner qu'au profit
des ennemis de la France.

« Voyez, dirai-je à tous les Français patriotes,
« avec le chancelier de Rochefort, voyez les Ro-
« mains unis, et se rendant par leur union maîtres
« de l'univers. Voyez-les divisés, et dès-lors promp-
« tement vaincus. Quelles furent, en effet, les causes
« de la ruine de Rome, sinon les dissentions intes-
« tines et la fureur des guerres civiles ?...... C'est par
« l'union que la nature opère toutes ses merveilles ;
« c'est par l'union que les hommes se rendent agréa-
« bles à la Divinité. Tout réside et se conserve
« dans l'union ; l'union fait croître et grandir les
« moindres choses; la discorde détruit les plus
« grandes. » (Harangue aux États-Généraux de
1484, Masselin, f. 38.)

Nous voulons tous une patrie, nous voulons tous
conserver intact le nom français. Eh bien, nos dissentions, si elle continuent, ne nous laisseront plus
de patrie, et le nom français périra!.......... L'empire
romain a bien péri par les mêmes causes; et certes,
cet empire, cimenté par le sang de tant de héros et
par tant de sages lois, opposait, même à son déclin,
une toute autre résistance aux coups des barbares.

Républicains, vainement vous flattez-vous de
l'espoir de réunir en faisceau les opinions et les volontés des Français; vous serez réduits à violenter
votre siècle, le caractère, les habitudes, les souvenirs, les intérêts et les affections de vos concitoyens,
à bouleverser la famille et le sol lui-même; et, au
milieu de ces commotions, qui ébranleront la France

jusque dans ses fondemens; au milieu de ces ruines que ne pourront relever vos mains défaillantes, où trouverez-vous cette union et cette force nécessaires pour repousser l'invasion et la guerre universelle qui fondront sur vous? Où trouverez-vous une autorité capable de rapprocher tant de volontés divergentes et de dompter tant de passions déchaînées? Où trouverez-vous dès-lors cette action régulière d'une justice impartiale, et cette garantie d'une jurisprudence uniforme, indispensables à la paix intérieure; cette confiance du peuple et cette dignité du pouvoir, sans lesquelles il n'est point d'Etat politique? Comment pourrez-vous concilier cet amour effréné de l'égalité qui caractérise votre époque, avec cette soif de domination qui dévore tous les chefs de parti, et avec la pente irrésistible qui les porte à s'emparer du rang suprême? Aurez-vous encore recours au niveau de la terreur, ou à celui du despotisme? Le sang coulera-t-il encore par torrens sur cette terre qui naguère en fut abreuvée; et le cri de ce sang s'élèvera-t-il contre vous avec celui de cinq millions de victimes que coûtèrent au monde la républiqne et la tyrannie? Roulant éternellement le même poids, nouveaux Sisyphes, la main de fer du destin a-t-elle donc voué à l'impuissance du bien et à la nécessité du crime cette vigueur et ce sang généreux que réclame la patrie?....

Dans cette tourmente, les mœurs changeront; le désespoir et la nécessité rendront les hommes féroces;

la voix de la nature sera étouffée; le flambeau de la civilisation s'éteindra; les lois, les traditions, les usages, les lettres, les arts et la langue elle-même périront. Ce ne sera plus cette barbarie, en quelque sorte féconde, qui, du sein des convulsions du genre hmain, fit jadis éclore des peuples nouveaux; ou cette transition sanglante par laquelle une nation égarée mit en poudre, au lieu de les rectifier par sa constitution primitive, les élémens d'une société corrompue et imprégnée d'abus; mais ce sera cette dissolution fatale d'un peuple qui, en possession d'une vie nouvelle, renie tout à coup la sagesse des siècles, rejette les maximes de ses pères, abjure les principes qui ont fait son bonheur, et foule à ses pieds un avenir plein de gloire, pour se précipiter vers la mort... Alors, au milieu de ces débris sillonnés par la foudre, vous verrez écrites, dans les yeux des Français, l'épouvante de leur âme et l'abjection de leur condition nouvelle; car tout ce qui fait vivre et honore une nation, tout ce qui élève l'homme à ses propres yeux, tout ce qui console les infortunés, les mœurs et les lois, la patrie et la liberté, la vertu et la religion, leur manqueront à la fois......

Si ce tableau, que tracent en caractères prophétiques, la nature humaine et l'histoire, n'est pas capable de changer vos résolutions, RÉPUBLICAINS, le titre que vous prenez n'est plus qu'un contresens, et votre patriotisme une funeste illusion; car la république n'est que la chose du peuple, et il n'y a point de république là où le bonheur et l'avenir d'un peuple ne sont pas assurés.......

QUASI-LÉGITIMISTES, vous qui, en ressoudant au second anneau la chaîne interrompue du pouvoir, avez cru possibles le rétablissement et l'accord de l'ordre et de la liberté, détrompez-vous : ni les affections publiques, ni les intérêts spéciaux et généraux ne vous prêteront leur appui. Or, sans ces élémens, que prétendez-vous édifier? L'or et les places peuvent-ils créer un esprit public? Pourront-ils suppléer l'unité sociale? Ces forces militaires et ces canons dirigés contre la misère publique, ces assassinats commis dans des contrées dont on a froissé les croyances et les affections, cet étouffement de la liberté de la presse par une multitude irritante de procès, par l'incarcération préalable des écrivains et par des condamnations contraires entre elles qui font, des décisions du jury, une loterie, et de la justice criminelle, en cette matière, une sorte de fatalité; ces longues tortures auxquelles sont en proie de malheureux détenus en attendant leur jugement, et qui, sous l'empire de l'ordonnance de 1670, auraient motivé de graves condamnations contre les auteurs de ces retards ; ces violences commises à l'ombre des lois, dont on fausse la lettre et le silence; cette tyrannie sourde qui se couvre du masque de la légalité, les croyez-vous propres à remplacer la conviction et l'assentiment national? J'admets que de tels actes ne sont point dictés par la haine; qu'ils ne sont, de votre part, que des moyens que vous vous croyez autorisés à employer pour obtenir enfin ce repos et cet ordre que l'on a refusés à votre modération et à votre longanimité : un tel état de choses n'atteste-t-il pas, au plus haut degré, l'impossibilité absolue où vous êtes de gouverner le pays?....... Il n'y a donc qu'une religion politique, ayant pour base un pouvoir et un principe incontestés, qui puisse imposer à tant de passions et d'intérêts divers, toujours prêts à faire irruption. Cette religion politique, c'est la légitimité, fondée sur la loi salique, dont nul ne méconnaît la puissance, et dont vous-mêmes avez proclamé la nécessité; c'est ce principe tutélaire dont l'autorité éclate dans la haine même qu'on lui porte, et dans les efforts que vous avez faits pour vous y soustraire. Condamnerez-vous donc, par votre aveugle obstination, votre patrie à succomber dans la lutte des factions? Sans force pour les arrêter, sans prestige pour les conduire, les laisserez-vous incessamment grandir et devenir implacables? Vous n'aurez donc fait qu'ajourner cette période de dissolution que nous venons de décrire, et vous aurez seulement accumulé dans le cœur des hommes ces fermens de haine, de corruption et de perversité qui rendront la catastrophe plus terrible. Alors s'accomplira la vérité tracée par Machiavel sur les ruines de Rome : « Le changement de prince et de gouvernement, la moindre altération des principes fondamentaux, occasion-

nés, non par quelque guerre extérieure, mais seulement par les discordes civiles, sont mortels aux
empires même les plus puissans; et la seule pensée
des maux qui en découlent, alors même qu'on n'est
point condamné à les voir ou à les souffrir, est capable de frapper de stupeur et d'effroi l'âme la plus
courageuse et la plus stoïque (1). »

Légitimistes, s'il en est parmi vous qui croient,
par des ligues ou par des exclusions, personnifier leur
cause et lui donner quelque force extérieure, dé-
sabusez-vous; ni les ligues, ni les antipathies, ni les
exclusions, ni les coalitions avec telle ou telle fraction des assemblées délibérantes, ne peuvent produire de résultat national et durable. C'est la nation
tout entière, sans acception d'opinions, de précédens ou de partis, qu'il faut appeler autour de ce
faisceau de principes et d'intérêts qui doivent cons-
tituer la France. Ne transigez point avec ce qui doit
faire le salut de la patrie, mais ne repoussez personne; faites sans cesse briller la vérité aux yeux de
vos adversaires et des républicains eux-mêmes; ne
vous lassez pas de leur faire voir où est la fortune
de la France; adoptez tout ce qu'il y a de réel et
d'exécutable dans leurs doctrines, et soyez prêts à
recevoir dans vos bras tous ceux dont le cœur se
montrera disposé à immoler des préjugés funestes sur
l'autel de la patrie. Si vous agissez autrement, cette
belle France, dégradée par la main de la discorde,

(1) Histoire de Florence, liv. Ier.

n'aura que l'opprobre des coteries pour refuge, et sa nationalité périra pour la satisfaction des intrigans qui convoitent ses dépouilles, et de l'étranger, jaloux de sa puissance, qui brûle de l'envahir et de la démembrer ! ! !

Réfléchissons, en effet, avec calme et impartialité à ce qui s'est passé depuis 1814 et 1815; étudions l'action des cabinets étrangers sur notre administration intérieure, et nous acquerrons la triste certitude qu'ils n'ont favorisé que certaine faction, qui n'était point le *parti national*, qui n'a eu de pouvoir qu'à la faveur de nos divisions, et dont l'unique pensée fut toujours de paralyser le développement de nos libertés communales et provinciales, et de maintenir le *statu quo* de la centralisation. Il est avéré que cette faction eut recours à la diplomatie étrangère, directement et par sa correspondance privée, pour obtenir l'ordonnance du 5 septembre, et que le parti royaliste eut à lutter contre ses calomnies et contre l'étranger pour triompher des ennemis de la France. Il est constant qu'elle mit tout en œuvre au congrès de Vienne pour arriver à cette monstrueuse distribution de puissance, qui renferme, pour l'avenir, le germe de calamités sans nombre, et dont les effets immédiats ont été d'affaiblir et de dégrader la France. Les votes d'impôts qui succédèrent ne furent que la suite des traités solennels conclus sous les auspices de cette faction. Quelle opposition n'a pas rencontré le gouverne-

ment français, et de sa part et de celle de l'Angleterre, au sujet de la guerre d'Espagne? Combien cette
jalousie de l'étranger et cette haine de la faction ne
se sont-elles pas accrues du développement immense
de crédit qui suivit et de notre attitude extérieure?
L'entreprise d'Alger éprouva, de la part de l'Angleterre et de la faction, une résistance non moins
vive..... L'Angleterre ne se faisant plus d'illusion sur
l'égalité de force et de grandeur que la France avait
acquise à la faveur de ce mouvement national et de
ses triomphes, applaudit sans difficulté à l'action violente qui renversa le gouvernement en juillet, et se
mit à flatter la révolution pour ressaisir la suprématie qui lui échappait. C'est toujours avec la même
faction qu'elle a stipulé; elle en a bientôt obtenu
un roi anglais en Belgique; et à Brunswick, un précédent funeste aux princes d'Allemagne. Elle a
brouillé la France avec Haïti, et fourni des armes
et des munitions aux Bédouins, gardé les colonies
de la Hollande en l'affaiblissant, pris Anvers et paralysé par-là le commerce de la Hollande et de la
Belgique, et le nôtre sur le continent; elle vient encore d'obtenir, du gouvernement français, le droit de
visite de son pavillon, droit mortel au commerce ma-
ritime; elle tend à s'emparer du Portugal à la faveur
de dissentions fraternelles, après avoir laissé périr
la Pologne, dont elle n'avait que faire; elle renforce
partout ses positions militaires et maritimes autour
de l'Europe; et les protocoles de Londres ne sont

qu'un grand jeu de dupes, où elle stipule pour elle seule, et où les puissances du Nord semblaient acheter, au prix de leur stabilité, un repos provisoire dont elles avaient grand besoin. Et qui a favorisé de tels arrangemens? ce n'est assurément pas le *parti national*. On peut voir avec quelle patriotique éloquence le général Lamarque a stigmatisé ce système, dans la séance du 6 avril 1831. Ce sont toujours ces mêmes hommes qui ont combattu la nationalité de la restauration, et qui, de concert avec l'étranger, ont paralysé les efforts de cette restauration, pour rendre à la France sa dignité et sa prépondérance.

C'est donc par une union indissoluble, Français généreux de toutes les opinions, que nous préserverons notre patrie des plus grands fléaux, que nous la vengerons des injures de la diplomatie, que nous assurerons son indépendance future, et que, pour y parvenir, nous ferons triompher le principe de la nationalité des Etats-Généraux.

Voici, en effet, les principes qui forment les seules conditions de la possibilité d'une union nationale en France :

1° L'inviolabilité de la personne du roi et de la loi fondamentale de l'hérédité de la couronne, de mâle en mâle et par ordre de primogéniture, ce qui a fait de la nation française le premier peuple de l'univers (1);

---

(1) Discours du chancelier de Rochefort aux Etats-Généraux de 1484, manuscrit de Masselin, f. 29 et 30.

2° La coopération de la nation tout entière à l'exercice de la puissance législative;

3° Le droit inhérent à la nation de pourvoir à la vacance du trône, de décerner la régence du roi mineur, et de régler la composition et les attributions du conseil pendant la minorité du roi (1);

4° L'énonciation antérieure, dans les lettres de convocation des Etats-Généraux, des objets qui, de la part de la couronne, doivent être mis en délibération, et la spécialité du mandat donné d'avance aux députés par les électeurs, et à ceux-ci par tous les citoyens de chaque ville, de chaque commune, sans exception, nobles, négocians, bourgeois, laboureurs, marchands, artisans, ouvriers, etc...., pourvu qu'ils paient un impôt direct (2);

5° L'initiative appartenant également au roi et aux Etats-Généraux sur tous les objets à mettre en délibération (3);

6° La sanction royale;

7° La nécessité du consentement de la nation entière à l'établissement d'un impôt, quel qu'il soit, et le droit lui appartenant d'en faire par elle-même ou par ses délégués la répartition, et même d'en surveiller et d'en opérer la perception;

(1) Discours du chancelier de Rochefort aux Etats-Généraux de 1484, manuscrit de Masselin, f. 66, 67 et suiv.

(2) *Voyez* les Lettres de convocation des Etats - Généraux de 1484.

(3) *Voyez* le Discours du même chancelier et ledit manuscrit.

8° La limitation à une année du vote de l'impôt et des subsides ;

9° La spécialité des impôts, la spécialité des dépenses ;

10° L'éligibilité, soit comme électeur, soit comme député, appartenant à tout Français porté au rôle de la contribution directe ;

11° L'inamovibilité de la magistrature, l'élection et l'examen préalable des candidats par les corps de magistrature dans lesquels ils doivent être admis ;

12° La noblesse et la pairie héréditaire conférées par le roi aux seuls Français qui auront figuré comme députés aux Etats-Généraux, sans préjudice des titres de la noblesse existante ;

13° Les communes réintégrées dans leurs propriétés, dans le droit d'élire leurs officiers, et d'administrer leurs biens sous le patronage et l'autorité du roi.

14° Les Etats provinciaux convoqués chaque année pour veiller aux intérêts de chaque province, délibérer sur la nature et la quotité de l'impôt qu'elle peut supporter, sur la répartition de l'impôt consenti, sur les centimes additionnels nécessaires à ses besoins, sur tous les travaux d'utilité publique, sur l'administration de ses propriétés et sur les articles du mandat à donner aux électeurs, de telle sorte qu'aucune loi ne soit proposée ni acceptée sans avoir été d'avance reconnue utile, morale, nécessaire par la nation entière, et qu'aucun impôt d'une nature nouvelle et extraordinaire ne puisse peser sur cette province sans son consentement;

15° Convocation annuelle par tous moyens de publicité, tels que proclamations et affiches, de tous les habitans de chaque cité, de chaque commune, pour déposer par eux-mêmes ou par leurs fondés de pouvoirs, dans un coffre à ce destiné dans chaque maison commune, leurs plaintes, leurs vœux, leurs griefs généraux et particuliers, et leurs vues sur les améliorations à apporter à la chose publique, et les soulagemens dont les diverses classes peuvent avoir besoin; le dépouillement exact de ces vœux, plaintes, griefs, propositions, en présence des conseillers municipaux, et leur mise au net dans un cahier spécial, pour servir d'élémens au mandat délivré par les électeurs aux députés (1);

16° La suppression de tous priviléges commerciaux ou autres, dont la nécessité ne serait pas reconnue par une loi nouvelle, et qui ne tournerait pas à l'avantage de tous;

(1) Un besoin généralement senti, c'est, non pas de faire revivre les anciennes corporations, mais de classer toutes les professions, et de former de ceux qui s'y livrent *des êtres collectifs et moraux*, ayant leurs syndics ou représentans, organes naturels de leurs vœux. Ces unités morales qui se manifestent déjà dans presque toutes les classes du commerce et de l'industrie ne sauraient être trop encouragées ; elles simplifieraient beaucoup l'intervention des masses dans la discussion de leurs intérêts, et faciliteraient ces rapprochemens simultanés et fé-

17° L'admissibilité de tous les Français à tous les emplois;

18° Le droit d'actionner en dommages et intérêts pour toute atteinte portée à la liberté individuelle, pour toute poursuite criminelle mal fondée, ou tout retard dans l'interrogatoire des citoyens détenus, et dans le jugement, non seulement le dénonciateur, mais le *ministère public* et le magistrat lui-même (Ordonnance de Louis XIV, de 1670.);

19° L'inviolabilité du domicile de chaque citoyen, hors le cas de flagrant délit et d'un mandat du juge d'instruction; et l'inviolabilité de toute espèce de propriété;

20° La responsabilité des ministres et des agens du pouvoir;

21° La liberté religieuse, la liberté de l'enseignement, la liberté de la presse, la liberté des suffrages;

22° L'inaliénabilité du pouvoir suprême, du territoire de la France et des colonies, du domaine public et de la couronne;

conds entre les divers intérêts agricoles, commerciaux ou industriels, qui seraient la source d'une prospérité solide et d'un calme durable. Ces corps moraux, veillant sur le bien-être de tous leurs membres, assureraient, par une légère cotisation, du pain à ceux qui manquent de travail, et une direction utile à ceux qui s'égarent. La nation, ainsi classée, sans privilége, pourrait facilement faire entendre sa voix et forcer le gouvernement à l'admettre dans la représentation des intérêts généraux profondément liés aux intérêts de chaque localité.

23° Communication préalable aux Etats-Généraux de tous traités intéressant nos frontières, nos places fortes, l'intégrité du territoire et des colonies;

24° Le compte annuel et préalable à tout vote d'impôt, de l'emploi des deniers consentis, et de l'état des diverses branches du revenu public ;

25° Le provisoire irrévocablement banni du vote de l'impôt;

26° La réduction de près de moitié du budget actuel, y compris les centimes additionnels, en rendant aux provinces le droit de s'imposer et de s'administrer elles-mêmes, sous la réserve de l'autorité du roi; la réduction des droits sur les boissons, et la modification de leur exercice; la suppression de la gabelle ou impôt sur le sel; en un mot, la fixation des besoins, de la nature des dépenses, de l'organisation des services, délibérée et arrêtée par les Etats-Généraux.

CHAPITRE VIII.

INFLUENCE DE CETTE INSTITUTION FONDAMENTALE ET NATIONALE DES ÉTATS-GÉNÉRAUX SUR L'ORGANISATION INTÉRIEURE ET SUR LA POLITIQUE EXTÉRIEURE DE LA FRANCE.

Du concours universel des Français à la représentation de leurs intérêts spéciaux et généraux résulteront plusieurs conséquences remarquables, dont l'ensemble constitue, à notre sens, la perfection sociale :

1° Amélioration de l'état de la famille et de la commune, et précision de leurs intérêts et de leurs droits.

2° Classification des intérêts divers de la France; combinaison, conciliation et harmonie de ces intérêts.

3° Division naturelle du territoire, basée sur les intérêts représentés par les diverses nations des Etats-Généraux; simplification de l'administration.

4° Connaissance exacte de la nature des impôts à établir pour chaque division territoriale; spécialité de l'assiette, de la répartition, de l'emploi et du retour de l'impôt consenti.

5° Esprit public, esprit national, substitué aux caprices de l'opinion; amélioration des mœurs privées et publiques.

6° Accord si nécessaire de l'agriculture, du commerce et de l'industrie; répartition des capitaux entre les diverses parties du territoire et entre les élémens divers de la richesse nationale.

7° Union et tendance de toutes les professions, classées en corps moraux, vers le bonheur public; lumières incessamment acquises sur l'emploi et la bonne direction du travail.

8° Valeur commune des denrées, des salaires, et balance commerciale appréciée par tous.

9° Diminution immense de l'impôt indirect et

de l'impôt direct; économie dans leur perception.

10° Tolérance universelle, oubli du passé, extirpation des coteries et des préjugés nombreux de la vanité, de la haine et de l'orgueil.

11° L'enseignement et la presse rendus à leur liberté naturelle, mais dépouillés du triste privilége de diviser et de dissoudre; jouissance de toutes les libertés.

12° La véritable égalité politique et civile, résultante de la combinaison et de l'harmonie de toutes les forces nationales dans les divers degrés de l'échelle progressive tracée par la nature et la force des choses; l'intelligence de ce qui constitue la dignité du citoyen et l'honneur national; le repos et la force réels qui émanent de cette intelligence.

13° La reconstitution naturelle de la pairie, dont tous les membres iront renouveler dans les divisions territoriales ces titres héréditaires de gloire qui jettent sur la patrie un si vif éclat, et auxquels il ne manque que d'être rehaussés par la solennité de l'acclamation nationale. Déjà plusieurs de ces membres illustres n'ont pas craint de dépouiller l'hermine pour aller chercher dans le sein de la nation cette glorieuse confirmation de *leur baptême de gloire et de sang* (1).

Il n'y a qu'un pouvoir appuyé sur les Etats-Géné-

-----

(1) Expression de M. le duc de Fitz-James dans son éloquente allocution à M. le duc de Montebello.

raux qui puisse créer, en effet, une aristocratie politique, c'est-à-dire une pairie héréditaire, parce
qu'il représente une nation et un territoire de quatorze siècles. Mais pour la créer, il faudra qu'il la
cherche dans les masses, c'est-à-dire que, comme
lui, cette pairie ait son origine et son appui dans
la représentation des intérêts de la France. Si la légitimité royale et la légitimité nationale sont insé-
parables, l'aristocratie politique et la démocratie ne
le sont pas moins. C'est du sein de la seconde que
la première doit éclore et se produire. J'ai prouvé
dans un ouvrage publié en 1829, ayant pour titre :
De l'Ordre et de la Liberté, etc., que l'aristocratie et la démocratie étaient deux conditions essentielles de tout gouvernement ; que leur coexis-
tence n'était point un conflit, mais une harmonie
sociale ; que l'aristocratie naissait naturellement du
mouvement progressif de la démocratie. Ce système,
appuyé sur tout le corps de l'histoire, qui nous apprend que la ruine des empires ne doit être attribuée qu'au défaut d'harmonie de ces deux élémens,
se trouve tout entier dans le gouvernement des Etats-
Généraux. Autrefois les pairs de France étaient les
chefs naturels des douze gouvernemens ; la féodalité
détruite, les pairs de France seront aujourd'hui les
notabilités de chaque province, désignées par le suffrage universel. C'est la nature des choses, plus que
le choix du roi, qui doit les indiquer. Il ne peut
donc y avoir désormais d'autre pairie en France que

celle qui, s'appuyant sur l'opinion des masses, sortira de l'élection progressive des Etats-Généraux, c'est-à-dire de la souveraineté royale et de la souveraineté nationale, qui ne font qu'UNE.

On voit donc combien est stérile cette rénovation de la pairie, cette création de pairs, émanée d'un pouvoir qui ne repose pas lui-même sur la prescription du temps et l'élection nationale. Une telle pairie ne sera qu'un accident comme lui; la sagesse des gouvernans et les illustrations individuelles ne peuvent suppléer à la sanction de cette épreuve et à la loi fondamentale de la France.

.Puisque tout se résout dans la reproduction fidèle des unités communales et provinciales; que l'intérêt national ne peut être que le résultat des intérêts spéciaux, s'exprimant les uns par les autres; que la spécialité du mandat est la base de cette représentation; on voit qu'il ne pourra plus y avoir de centralisation, de budget de 1600 millions, de répartition arbitraire d'impôts, de camarilla de cour, de noblesse de cour, de coteries politiques ou religieuses, de despotisme ministériel, sous la légitimité royale et nationale. L'intrigue même ne pourra s'y nouer, car cette légitimité nationale transportera tour à tour le siége de son gouverneur sur tous les points du territoire de la France; sa cour sera une tente; sa capitale, partout où il y aura des intérêts nationaux à protéger. Ces deux légitimités ressemblent, si je puis parler ainsi, à ces deux aimants prodigieux qui s'attirent puissamment et se rapprochent au moment même où ils semblent se fuir.

Voilà la meilleure des républiques : ni le pouvoir absolu avec sa volonté inflexible, ni la république centralisée ou fédérative avec ses hommes, ses passions et ses formes transitoires, ni l'empire avec ses gloires et ses pompes, ne peuvent atteindre à un tel degré de liberté et d'égalité. C'est l'âme de la vieille France rajeunie et transformée par la civilisation, mais dont la liberté est l'immuable essence, et pénètre toutes les profondeurs.

L'administration et la justice seront ce qu'elles doivent être avec un gouvernement national ; l'une, simple, paternelle et économique ; l'autre, féconde et imposante. La capacité se liera partout à l'importance sociale ; et comme on ne saurait exiger de *cens* pour occuper tel ou tel degré de l'élection dans les États-Généraux, qu'il suffit d'être un citoyen actif, cette combinaison doctrinaire, mortelle au talent et à la liberté, disparaîtra de toutes nos institutions. L'élection par les corps de judicature, et l'examen préalable consacrés par nos plus belles ordonnances revivront comme condition des emplois judiciaires ; car la justice étant un attribut de la souveraineté, doit participer tout ensemble du choix royal, de la capacité et de l'élection.

Ce gouvernement est tellement dans l'essence des choses, qu'il vaut à lui seul d'immenses conquêtes, et qu'il prépare, sans effusion de sang, toutes celles

que la nature indique à la France. C'est la garantie
des droits provinciaux qui nous a, entre autres provinces, conservé le Roussillon, conquis par les armes
de Louis XIII ; l'Alsace et la Franche-Comté, conquises par les armes de Louis XIV; la Lorraine,
conquise par les négociations de Louis XV. Depuis
la révolution, nous nous sommes emparés de beaucoup de provinces par nos armes, et nous n'avons su
en conserver aucune : nous n'avions pas, avec la
valeur d'Alexandre, son habileté de ciment et de
conservation ; notre gouvernement central ne ratta-
chait rien à lui. Ces limites du Rhin, cette Belgique
livrée aux mains de l'Angleterre, nous eussent été
rendues si chaque province, en France, eût conservé ses droits et ses franchises. L'un des membres
les plus influens du congrès belge, M. de Potter, l'a
positivement déclaré. Mais ce qui est plus précieux
encore à une noble nation comme la France, ce respect religieux des droits des localités et des provinces, se fût communiqué, de proche en proche, à
toute l'Europe.....

Si l'on rentre, en effet, dans ces voies de la nature, quelle grandeur notre situation extérieure n'au-
ra-t-elle pas! Tout l'échafaudage des traités de 1815,
qui ont paralysé les lois naturelles des nations secon-
daires, et élevé des barrières contre la France ; tout
ce bagage diplomatique à l'aide duquel on a cru pouvoir effacer les limites physiques et morales des peuples, et les partager comme des troupeaux ; ces usur-

pations et ces appoints de créatures humaines, par lesquels on a violenté et démoralisé l'Europe, s'évanouiront devant le seul principe de la légitimité royale et nationale de la France. Les combinaisons artificieuses et intéressées de l'Angleterre, qui a cerné l'Europe de ses positions militaires, et, sous le voile menteur d'une neutralité impossible, se rend maîtresse en effet de la clef de nos frontières du Nord ; qui, sous le masque de la philantropie, s'assure le droit de visite de notre pavillon : cette politique expectante et égoïste du cabinet de Vienne, vivant de tout, et sacrifiant l'avenir au présent : le pouvoir gigantesque et envahissant de la Russie, qui, avec ses cinquante millions d'habitans et ses positions sur la Vistule, peut venir en deux campagnes nous menacer sur les bords du Rhin ; et ces alliances contre nature, dans lesquelles nous allons chercher une vie qui nous manque, se briseront devant le corps compacte et l'armure d'acier de la France. Destinée par sa nature à tenir la balance de l'Europe, et invincible de la réunion et de la cohésion de tous ses moyens, elle pourra hâter la justice due aux nations opprimées, et porter partout le poids de son influence, parce qu'elle n'aura d'engagemens qu'avec elle-même et avec l'honneur.

Que si, au contraire, les puissances de l'Europe, éclairées enfin sur leurs véritables intérêts, se déterminent à faire à l'esprit du siècle et à la balance de l'Europe un sacrifice nécessaire, en modifiant l'œuvre du congrès de Vienne dans ce qui blesse les intérêts naturels et spéciaux des nations, alors la légitimité royale et nationale sera leur plus sûr appui contre l'irruption révolutionnaire. Les liens des peuples aggrégés aux métropoles se formeront doucement; chaque nation recouvrera, sans commotion, l'indépendance qui lui est propre; les puissances prépondérantes, occupées, par l'ascendant de l'exemple de la France, à chercher chez elles et dans elles-mêmes les élémens de leur puissance extérieure, et non dans des escamotages diplomatiques, recouvreront un repos que rien ne leur garantit aujourd'hui, et que tout compromet dans l'avenir plus ou moins prochain où l'œuvre monstrueuse du congrès de Vienne doit s'écrouler.

Et les factions! et les partis!... Le souvenir même en sera éteint à jamais : on n'aura plus à s'occuper des antécédens d'un homme; et le petit esprit ne s'exercera plus à calculer le degré de son royalisme, de son libéralisme, de son ministérialisme; on ne cherchera qu'un Français. S'il est généreux et patriote, s'il aime par-dessus tout la gloire et le bonheur de la France, et qu'à ces sentimens il joigne de la capacité, sa place sera marquée dans la considération et l'affection du prince comme dans celles de la nation.

Quel est le principe qui aura été le point de départ, la base féconde de ces résultats? C'est la légitimité, loi fondamentale et imprescriptible de quatorze siècles, coexistante avec la souveraineté de la nation, manifestée dans les Etats-Généraux ; c'est cette inviolabilité de l'une et de l'autre, et ce cachet de nationalité imprimé à tout ce qui en dérive.

FIN

TABLE

DES MATIÈRES CONTENUES DANS CET OUVRAGE.

Pag.

CHAPITRE Ier. ÉTAT DE LA FRANCE. — NÉCESSITÉ DE LA PARTICIPATION DE LA NATION AUX AFFAIRES PUBLIQUES.   I

CHAPITRE II. QUELLES SONT LES CONDITIONS DE LA PARTICIPATION DE LA NATION AUX AFFAIRES PUBLIQUES, RÉSULTANTES DU DROIT NATIONAL, PRIMORDIAL ET IMPRESCRIPTIBLE DE LA FRANCE ?   8

SECTION Ire. La légitimité royale est la condition fondamentale de la participation de la nation à l'exercice de la puissance législative.   9

SECTION II. La nation entière doit participer à l'exercice de la puissance législative   27

§ Ier. Les Etats-Généraux doivent être composés de la totalité des Français   30

§ II. Aucun cens ne doit être prescrit pour l'éligibilité, pas plus que pour le droit d'élire   32

§ III. Aucun impôt ne peut être levé et réparti sans le consentement préalable des Etats-Généraux, qui ont le droit d'en surveiller et d'en opérer eux-mêmes la perception. Les subsides ne doivent être votés que pour un an ; les Etats doivent veiller à l'indépendance de la couronne, à l'intégrité du territoire et du domaine public, à la dignité de la France et à une sage organisation de la justice et des diverses branches de l'administration publique.   33

§ IV. Spécialité des impôts et des dépenses. —Retour à chaque province des deniers par elle fournis, et non consommés par leur destination spéciale. — Les Etats provinciaux suppléent ou corrigent, pour les localités, les Etats-Généraux, et dirigent l'emploi des deniers consentis   40

§ V. Réponse à l'objection que le peuple en masse n'a jamais été appelé en France à voter aux Etats-Généraux.   55

§ VI. Énonciation antérieure dans l'ordonnance de convocation des États-Généraux, des objets qui doivent être mis en délibération, et spécialité du mandat donné d'avance aux députés par les électeurs, et à ceux-ci par tous les citoyens de chaque ville, de chaque commune, sans exception.   59

§ VII. Mode de convocation des Etats-Généraux ; nombre des députés ; mode de leur élection ; rédaction de leur mandat, et forme des délibérations.   64

§ VIII. L'initiative appartient également au roi et aux Etats-Généraux, et leur indépendance, sauf la nécessité de la sanction royale, est assurée.   75

§ IX. Aux Etats-Généraux seuls, c'est-à-dire à la nation entière, appartient le droit de pourvoir à la régence, d'en composer le conseil, de régler ses attributions, et de disposer de la couronne en cas d'extinction de la famille régnante, ou d'indécision sur l'héritier de la couronne, ou de vacance du trône.   85

§ X. Résumé des maximes de droit public, consacrées par les Etats-Généraux.   99

CHAPITRE III. Ces maximes soutinrent le gouvernement de Louis XIV, et la nécessité des états-généraux et provinciaux resta gravée dans les têtes pensantes.   101

CHAPITRE IV. La nation, sous la régence, sous
Louis XV et Louis XVI, voulait les états-généraux
et provinciaux tels que l'histoire les retraçait et
que Fénélon les avait conçus ; mais la corruption de
la régence, des sophistes et des novateurs mit obstacle a l'accomplissement du voeu national.   III

CHAPITRE V. C'est a l'absence des états-généraux
que doit être attribuée la courte période de vitalité réservée a la république, a l'empire et a la
restauration, et l'impossibilité de vivre du gouvernement du 7 août 1830.   121

CHAPITRE VI. Le rétablissement du gouvernement
des états-généraux et provinciaux en France est donc
nécessaire pour rendre a la nation cette participation aux affaires publiques, qui est la condition
vitale de la stabilité politique.   131
§ Ier. Réponse à l'objection : *C'est un piége des partisans de la
dynastie déchue pour s'emparer du pouvoir, pour jeter le désordre dans la nation, et séparer du gouvernement établi les
provinces du Midi et de l'Ouest.*
§ II. Réponse à l'objection : *Mais les masses ne savent point ce
qui leur convient; on doit faire le bien pour elles, et non par
elles.*   134
§ III. Réponse à l'objection : *Mais la convocation des États-
Généraux est dangereuse, parce qu'elle pourrait ébranler le
gouvernement du 7 août 1830; elle est inutile, parce que la
majorité du pays a parlé, et que le peuple a voulu et ratifié
par son organe tout ce qui s'est fait.*   143
§ IV. Réponse à l'objection : *Mais il y avait nécessité d'établir
le gouvernement du 7 août, tel qu'il existe; et cette nécessité le
légitime.*   149
§ V. Réponse à l'objection : *La restauration était un mauvais
gouvernement, et celui que nous possédons est le meilleur gouvernement possible; inutile donc de convoquer les États-Géné
raux.*   154

CHAPITRE VII. Des moyens d'obtenir le gouvernement des états-généraux. — Volonté manifestée par
la nation aux députés actuels. — Union des français
généreux de tous les partis. — Principes politiques
qui doivent servir de base a cette union.   157

CHAPITRE VIII. Influence de cette institution fondamentale et nationale des états-généraux sur
l'organisation intérieure et sur la politique extérieure de la France.   177

FIN DE LA TABLE.